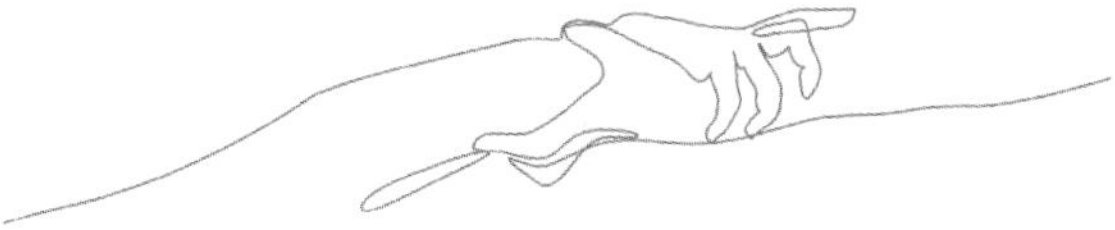

唯有你

我希望有来生

陈旭 著

光明日报出版社

图书在版编目（CIP）数据

唯有你我希望有来生 / 陈旭著 . -- 北京 : 光明日报出版社 , 2022.1 （2022.3 重印）
ISBN 978-7-5194-6402-8

Ⅰ . ①唯… Ⅱ . ①陈… Ⅲ . ①纪实文学—中国—当代 Ⅳ . ① I25

中国版本图书馆 CIP 数据核字 (2021) 第 266078 号

唯有你我希望有来生

WEIYOU NI WO XIWANG YOU LAISHENG

著　　者：陈　旭

责任编辑：曲建文　许黛如　　责任校对：傅泉泽
封面设计：众和水归文化创意（天津）有限公司　　责任印制：曹　净

出版发行：光明日报出版社
地　　址：北京市西城区永安路 106 号，100050
电　　话：010-63169890（咨询），010-63131930（邮购）
传　　真：010-63131930
网　　址：http://book.gmw.cn
E－mail：gmrbcbs@gmw.cn
法律顾问：北京市兰台律师事务所龚柳方律师

印　　刷：北京紫瑞利印刷有限公司
装　　订：北京紫瑞利印刷有限公司
本书如有破损、缺页、装订错误，请与本社联系调换，电话：010-63131930
开　　本：145mm × 210mm　　印　　张：7.25
字　　数：200 千字　　插　　图：6 幅
版　　次：2022 年 1 月第 1 版
印　　次：2022 年 3 月第 2 次印刷
书　　号：ISBN 978-7-5194-6402-8

定　　价：32.00 元

序 拿回力量

古代先贤把“忧伤肺”作为一笔宝贵的财富，写进医书留与后人。世广从肺腺癌确诊伊始，就深知情绪对疾病的影响。他的难处在于理性知道“忧伤肺”，很多时候还是控制不住地会忧虑。此时，一味针对问题往往没有开创新生活更正面。看到悲伤、接受悲伤然后转化为行动，是一个把力量掌握在自己手里的方法。

其实，当初那些误入歧途形成癌症的能量，就是开创新生活的力量。道岔一搬、念头一转，如果过去的忧伤能够在新的生活方式中化为乌有，癌症作为忧伤和郁闷的代言人，自然消失得无影无踪。我陪在世广身边，一起走过了从辗转确诊到西医、中医治疗乃至心灵疗愈的过程。遗憾的是最终没能留住世广，他年轻的生命定格在四十二岁。

尽管如此，过程依旧意义非凡。事情差不多都是百分之九十九的时间在过程，结果只是一刹那。如果全都为了结果，长达百分之九十九的时间就失去了意义；把目标改成进入过程的诱因，想要结果必须扎扎实实进入过程。只要过程做到位，目标的作用就达到了。好比高考目标，作用在于迫使学生进入高中三年用功读书的过程。至于结果，不是得到就是学到。

世广为了挚爱的亲人和朋友，曾经下定决心治愈癌症。在这个目标的鼓舞下，我们带着信心走过了过程。与其说抗癌十三个月，不如说是一段刹车与再成长，让我们尝试从根源看清问题。

世广和我仅是普通患者和家属，并非医学专家，因此把化疗、放疗、靶向、手术、中药、针灸等治疗工作交给医生。仅就“自救”部分来说，关键在于启动自我疗愈的力量。这是一个渗透在行住坐卧中脚踏实地的过程。世广有意将其记录下来，无奈生命最后阶段有心无力。十年生死两茫茫，其间他的愿望一直装在我心里，他的嘱托被岁月洗礼为一份坚实的责任。于是选择落笔成文，表达对世广深深的怀念，也希望给人们带去一点小小的灵感火花。前面两章简单记录了医学过程，第三章从工作和家庭等外因切入。第四章则对世广内心世界做了小心的探索，发现生命中的自卑感和未曾关注到的“黑暗”念头，对治疗有至关重要的作用。

过去一年，我们共同经历了突如其来的新冠肺炎疫情。回溯欧洲中世纪大瘟疫期间，在空气中弥漫着惊慌和恐惧的时候，那些觉得世界沉沦、没有办法的人，会跟着沉沦；未被绝望所淹没、坚信一定有办法的人，很多都活了下来。因此，无论是癌症还是流行病来袭，始终把握自己手中的力量，开展力所能及的自救，或许能激发“自助人助、自助天助”的力量。

本书出版过程得到邓永标老师的大力支持与帮助，在此深表感谢。

最后，谨以敬爱的周总理给夫人邓颖超信中的一句话，作为本书开篇序曲——我一生都是坚定不移的唯物主义者，唯有你，我希望有来生。

2021 年 2 月于北京

目　录

第一章　如果没有明天，怎样说再见

第二章　回首来时路

第三章　癌症背后，是一系列被阻碍的行动

第四章 重启自我疗愈

第五章　后癌症时代

第一章 如果没有明天，怎样说再见

面对白衣天使送来的生死书，

我该如何下笔?

对抗，我希望能对抗死亡!

可面对痛苦的煎熬，

我又有一点点希望他安详离去。

当与心爱的人即将永别，

当我的爱即将消失，

爱在与不在，爱都在。

即使我也到了天堂!

1

如何下笔签字

以前亲朋好友说起癌症，大都谈虎色变。自从世广的肺腺癌确诊以来，我们两个都不敢夸海口，但彼此心中有非常默契的声音——我们是生命的强者，看我们用实际行动证明我们的与众不同！

世广的病在检查出来之前，几乎没有症状，只是偶尔感到左肩疼痛；检查出来以后，治疗的日子每日同吃、同睡，腻在一起的时间几乎等于结婚十几年来加在一起的时间，没太感受到死亡的威胁。

听说化疗的副作用有恶心呕吐，我问世广：“提前准备些好吃的，会不会好一些？”世广忙说：“对，多准备些好吃的。”我们两人不约而同地相视而笑，因为心知肚明，世广不吃零食，好吃的买来都会装进我和武洁肚中。尽管如此，我还是特意去挑选了一些世广喜欢的清新爽口的小菜、点心、果汁、苏打水……凡是能想到的，能缓解恶心、让世广舒服一点的，都先备好。

化疗一次大概五小时，病房内只有我们两人面对面坐着。医院对我们来讲是个既熟悉又陌生，又有些新鲜的地方，于是我一直给世广讲医院里面的所见所闻，还有医院里的人说话办事和办公室的同事有哪些不一样。与其说聊天，不如说是观察，因为如果不舒服，世广肯定没心思跟我说话。直觉告诉我，世广这时是想听、不想说，看得出他有些不舒服，但不至于到呕吐的程度。

不知是升级版化疗药物的原因，还是李主任在治疗方案中加了很多保护措施，几个疗程的化疗做完，世广依旧吃嘛嘛香，头发完整如初。按主任的话说，就是“CT 跟踪检查结果显示，病灶大幅缩小”。我和世广信心倍增，拜现代医学所赐，肺腺癌并没有传说的那么可怕。照这样下去，很快就可以康复啦！

10 月底从浅湾回来后不久，病情出现拐点，颠覆了过去一年我对肺腺癌的认知，开始感受到肺腺癌对生命带来的威胁。特别从失明那一刻起，世广仿佛突然变得与这个世界没有关系，整日都在昏睡，连我每早到来都不能引起他丝毫反应，仿佛永远在睡着。偶尔醒来，靠在我身上刚坐一小会儿，就抱着头一改往日的温文尔雅，焦躁地喊“头痛，加药”。

开始，世广一说头痛，我嫌按呼叫铃护士姐姐动作太慢，马上以迅雷不及掩耳的速度跑到医生办公室，去跟张医师说，恳请他快速处理。我担心张医师事多动作慢，就一直站在他旁边，等着他给护士交代；然后再跟到护士站，看着护士姐姐取药，“督着”她们赶紧来病房；慢慢地，我发现当我再冲到医生办公室时，张医师看见我进来总是有事没事找点事出去。我找到病区李国平主任，他对我说：“世广的头痛和失明，是病情转移到大脑所致，头痛主要是颅内压升高引起。”再后来，我发现李主任、张医师还有病区的其他大夫，每天早晨都会聚在一起商量世广的治疗方案，能用的方案几乎都用了。现在世广喊头痛，还能做的就是往输液瓶里“无限量”添加唯一的一种药物；再往后，世广喊头痛，我冲向医生办公室的步子变得犹豫起来，内心充满矛盾：眼看着世广喊头痛，我束手无策；再去医生办公室，似乎是去给医生添麻烦。

无奈之下，世广醒来时，我只好使出浑身解数转移他的注意力，一会儿告诉他 NBA 快船 2 分险胜灰熊，一会儿告诉他同事年后要举行婚礼，但这些雕虫小技在世广面前演不下去。最后实在没有办法了，只能盼望世广赶紧睡过去。因为随着一次次用针管往输液瓶里添加，药物用量早已突破极限。只有睡过去，才能既让世广熬过头痛之苦，又可以少添一点药。

从不求神拜佛的我，在病房内背靠房门、双手合十，祷告上苍救救心爱的世广。以前从没感觉到身体里有颗心脏在跳动，此时此刻强烈感觉到身体里有颗心脏，它在胸口里面就像一个面团一样，被一股强大的恐惧感推来搡去。就在我背靠病房门的这会儿，门把手忽然扭动了一下，吓得我赶紧回过神来，慌慌张张打开房门。张医师探头进来说："来我办公室。"我稍微愣了一下，随即跟着张医师往办公室走去。

"现在……嗯，世广呼吸略有急促，我们当然不希望不好的情况发生，嗯……但是如果发生，请问，是否需要采取急救措施？"张医师的话让我相当意外。印象中，病人出现危急状况，理所当然应该急救，现在怎么来问我要不要急救？难道要我说不救？

张医生看出我心中的疑惑，说道："正常来说，病人出现危急情况当然要急救，现在不同。病人情况已经危重，发展下去很有可能出现窒息，这种情形主要的急救措施是气管切开和心肺复苏。病人肺部通气不好，呼吸较弱，如果强力按压，容易造成肋骨断裂或骨折。"

"啊，怎么会这样？！"我吓得惊慌失措，心跳得更厉害了，简直按捺不住要跳出喉咙。

半晌，张医师又加了一句："这样的伤害对已经是肺癌晚期的病人来讲，没有太大必要。"此刻，我真不知道是希望世广活下来，还是希望他死掉。看着他活得这么痛苦，我开始有一丝丝希望他死掉。

稍微停了一下，张医生接着说："世广住在病区一年多，他是我难得遇见的好哥哥。如果我是他亲弟弟，我会选择不再急救。"我一怔，脑海里旋即浮现出以前妈妈离开时的一幕：那天一大早，爸爸接到医院打来的电话，说妈妈情况不好，要我们马上赶过去。车子到住院楼门口还没停稳，我拉开车门跳下去飞奔到病房。进门时，刚好看见一个年轻医生的背影。他在我前面二十米冲进病房，跪在病床边上全力以赴地抢救。我来到床边，看到妈妈对急救没什么反应，但胸口按压时，我发现她眼角居然流出了泪水。说时迟那时快，爸爸也随后踏入病房，站在床尾目睹了一切。于是，在所有人"见证"抢救无效后，爸爸同意医生拔掉妈妈身上维持生命的管子。如今，张医师说癌症末期或许会经历"猛烈"的急救，明知是抢救，我也不愿意那一幕再上演。

不愿意那一幕上演，很容易做到，就按张医师说的顺其自然、不再抢救，然后签署《放弃抢救通知书》即可。问题是，曾经亲密的爱人，不知道何时就要离开，不知道他离开时是否会面临吸不到空气的窘迫，一想我就觉得害怕。我们此生结为夫妻，视彼此为知己，现在他在危急时刻，我难道就这样眼睁睁地看着却不救他吗？哪怕伸手拉他一把都好！放弃抢救，我做不到。

于是我小声说："张医师，我回去和家人商量一下，可以吗？"张医师脸上划过一丝不易察觉的诧异和不悦，还是点点头。

从医生办公室出来，我没回病房。初冬的傍晚暮色将至，喧闹了一天的大地归于安静。可我脑子却停不下来，试图想出个万全之策。世广整日昏睡几乎不再醒来，下一口气随时都可能喘不上来。可我实在过不了自己这一关。总是觉得有呼吸就有希望，有心跳就有奇迹，哪怕发生张医师说的危急情况，只要抢救回来就可以为世广再争取一次康复的机会。退一万步说，抢救回来哪怕是个缓刑也好。于是，我打定主意不签字。

我变得有些神经质。一会儿祈祷张医师说的不要发生；一会儿又琢磨如果按照张医师说的签字以后，会不会让世广的离开更顺畅；一会儿又想起高中毕业时，本来同学惜别颇为感伤，但伤感的同时，又对即将到来的大学生活充满期待和兴奋。现在，谁也说不清楚世广的身后事。世广会不会像高中毕业一样，即将迈入新的生命阶段呢？神游一阵以后，我掐掐大腿问自己："没急糊涂吧？脑袋里怎么冒出如此神奇的想法？"

接下来的几天，我一直躲着没去签字，结果不小心在病区外的走廊里碰上了李主任。他知道我还没签《放弃抢救通知书》，单刀直入说："人都希望让病人多活一分钟，但这样有时候让病人多受很多折磨。在生命临终阶段，重要的是尊严、平顺和亲情。我会尽最大努力提升世广的生命质量，控制疼痛、保证呼吸舒畅、维持基本的点滴注射或血压监控器，各种插管或气管切开就不做了。”李主任话语不多，但他满足了我想让世广顺畅度过生命最后阶段的渴望，激动得不知如何是好。

回到病房后，看着世广还在昏睡中，我轻手轻脚地把椅子搬过来坐在床边，就这样看着他喘气。世广侧躺着，我把手放在他身上，能清楚地感到吸气时空气仿佛穿越浓密的防风林才进去，身体只微弱地抬起一点，呼气时身体是一下子就放下来。

虽然我在理性上接受了放弃抢救，但第二天真的白纸黑字、落笔签字时，心里还是充满不安。从那以后，我觉得简直像把世广送回了妈妈子宫！把时间拉长一点看，出生和死亡两个画面同时存在，不同的是这一次不是等待迎接生命，而是等待送别生命。这样的时刻确实是煎熬——知道会发生，又不知何时发生，不能期盼又不能回避。

2

爱在与不在，爱都在

下午姐姐和姐夫来到病房，我独自一人回到家里。没有医生穿梭、没有朋友探望，脑海中全是世广的身影，一幕幕回放他平时起床、穿衣、出门以及和朋友聊天的样子。放着放着，我不知不觉变成了世广，穿着他的蓝色病号服躺在床上。我问自己：此时，如果是我即将离开这个世界，我需要家人为我做什么？一个念头闪入脑海。一直等到第三天傍晚，世广才醒来。我惊喜万分，马上像“排排坐、吃果果”一样，和他在床头并排坐下，左肩膀挤靠着他的右边身体。

“躺了这么久，起来帮你揉揉后背吧！”我尽量轻松地说。世广嘴角掠过一丝笑意，痛劲过去后，看起来心情相当好。他带着一丝嗔怪、有点撒娇、没有征兆地说：“我最伤心的，就是以前你说‘我对你好有什么用’。”听闻此言，我差点从床边跌到地下，那天闪进我脑海的也是此事。在生命的交界处，金钱、名利都将失效时，世广醒来就是这句话。若不是心中拔不去的梗，若不是心里一直念念不忘，他不会在此时提起。

而今才知当时错！我意识到自己过去所犯错误的严重性，愿意用今后的时光，用生命去忏悔当时的年少轻狂。但在这短暂的时光，没有时间让我去痛心疾首地忏悔，只能感谢老天还给我们一个机会，让世广能说出心中的梗，让我能亲口对世广说一声道歉："世广，对不起，我让你伤心了。在这个世界上，你是对我最好的人，等你出院回家，我保证以后不再气你了。"

世广眼神里流露出大大的惊讶，他终其一生拼尽全力，为自己的真情辩护，此时此刻终于铁板钉钉地听到了回应。从世广的眼神里，我知道他想说："早知如此，何必让我蒙在鼓里，辛苦这么多年！"但世广终究没有说出口，只是长长舒了一口气。

"人们直觉上都知道自己已经为时不多，却依赖他人、医师或亲人来告诉他们。如果家人不告诉他们的话，临终者也不会提起这个主题。这种坦诚的缺乏，只会让他更孤独、更焦虑。"①我担心世广对即将到来的离别感到害怕，想尝试着告诉他一点现在的境况。然而，世广已经心满意足，他不想再听了。曾经无怨

---

① 索甲仁波切：《西藏生死书》，浙江大学出版社，第 207 页。

无悔地付出，让他面对生命结束时刻，格外坦然——全然爱过，没有遗憾。

与此相对，是工作中的未了心愿。

这会儿世广躺下来，拉着我的手说："如果把每一天都当作生命的最后一天来度过，我不会再犯工作上的错误。过去曾经想离开工作，因为太怕失败不敢走出去，怕到最后，害得自己身体垮下来。现在没办法好好活下去了，我对不起年迈的妈妈，让妈妈经历白发人送黑发人的难过。"

"你已经足够爱妈妈、爱每一个人，"我赶忙安慰世广，"今后，无论你的爱在与不在，其实都在。"

世广点点头，心中同时升腾起一份荣耀：是的，这个星球我来过了，我捧出一颗赤子之心，给予过所有领导同事、父母家人和打过交道的人。纵然工作中有很多不快乐，但如果回到原点，十几岁赤脚从大山里走出来，世广已经心满意足，没有因为即将失去生命而失败。

没一会儿头痛又开始发作，世广撑不住了，慢慢合上眼睛，嘴里还在说："我就是要让武洁恨我。恨我，我走后他就不会太伤心；恨我，他会觉得妈妈好，日后你好管教一些。"记得有一次，武洁放学以后天黑了还没回家。等武洁回来一进门，世广劈头盖脸就问："为什么这么晚才回来？"武洁一脸茫然地说："我在学校和同学一起排练演出剧。”话音未落，世广手里的手机就朝武洁飞过去。那时的翻盖手机合上以后，像块小砖头。眼看手机砸向武洁脑袋，我抬手挡了一下，手机重重砸到胳膊外侧。武洁跑过来，刚想给妈妈揉揉，世广就呵斥道：“滚一边去！”看爸爸如此凶神恶煞，武洁又生气又委屈，扭过身子号啕大哭。当时我以为是世广病重心烦意乱无处发泄，他没有精力、没有体力像正常人一样，在焦急中等待武洁那么久；今天才知世广用心良苦，我终于忍不住泪如雨下。

这几日，世广的姐姐、姐夫和弟弟一刻不离地陪在世广身边。想到世广此次住院后，武洁已经一个多月没见过爸爸，我打电话给刘奶奶，告诉她马上去接武洁。病房里，护士昨天推来一台心肺监护仪放在床边。乍一看，世广身上是连着管子。我担心武洁走进病房，爸爸闭着眼睛不说话的场面对他冲击太大，便在去病房的路上紧紧攥着他的小手，描述爸爸现在的样子——口鼻罩着氧气罩、呼吸起来呼噜呼噜的。武洁早已忘记了和爸爸的不愉快，乖乖地往前走。来到床边，身高刚好到世广的肩膀。随着一声稚嫩的“爸爸”，气息飘到世广脸颊上。一直以来，武洁都把爸爸、妈妈晚上送他上床、哄他睡觉视为理所当然；现在爸爸生病，他也把哄爸爸睡觉当作理所当然。武洁伸出小手，和爸爸拍他睡觉一样的姿势，拍爸爸睡觉。过一会儿，把小脸贴在爸爸胸前，叫爸爸起床。看到爸爸熟悉的面庞没有笑容，身上果真多出好几根线和粗粗的管子，武洁开始有些烦躁，一副挣脱要往外走的样子。于是和姑姑道别后，又回头看了一眼病床上“毫无反应”的爸爸，走出病房。

我以为父子间的道别就这样平淡地结束了，没想到刚一上车，武洁就说：“刚才爸爸知道我来了！”我心里咯噔一下，心想世广从昨天以来一直处于重度昏迷状态，便急忙问：“你怎么知道的？”

“刚才我叫爸爸的时候，他的脸朝我侧了一下。”八岁的武洁语气很坚定。我想起来了，刚才武洁站在世广旁边喊爸爸的时候，我也感觉到世广有微微想侧身的意思。但那只是一个想侧身的意思，微弱到身体几乎没有动作。若不是心灵相通，仅凭眼睛不容易看到。但武洁看到了。

3

怎么活就怎么走

刚把武洁送到刘奶奶家，还没返回医院，手机铃声就响起来。慌乱地从大衣兜里摸出手机，夜幕下，刺眼的滑块从左到右不停地闪烁，我迟迟不敢按下。咬牙接通后，听筒里世年说：“哥哥走了。”放下电话，第一反应是赶紧回医院；转头一想，不对，一年多来无论在不在病房，心里总要惦记着病房里的情况。现在世广彻底安睡了，还急着回去作甚？一直以来，我最担心、最害怕、最不敢面对世广的离开，就这样平静地降临了。

刚才我和武洁都感受到世广想要侧身的意思。想必世广在恍惚中听到了儿子的呼唤，他当时可无法分清是在做梦还是武洁真的在叫他。当世广用仅存的听力分辨出是儿子在身边呼唤，非常想侧身看看儿子，拥抱一下儿子，却发现身体完全不听使唤，心中充满沮丧。武洁的到来让世广彻底明白，他已经不能通过身体表达自己的意愿了。

世广的性格和外表看上去的温和从容不太一样，他其实是个不折不扣的急性子，领导交办的事情总是马上去做，不能马上完成的时常记挂在心上。只不过长期的自我修养，让世广从不把工作中的“急”写在脸上。在生命的最后时刻，世广再也不需要用修养要求自己了，特别当身体耗尽、不堪使用的时候。世广是急着想摆脱这个身体，那样子就像下雨天骑自行车回到家，里外全都淋透了，进门急忙想把衣服脱掉一样。于我们这个世界而言，他不再看、不再听；于另一个世界而言，他的神志越来越清明，直到一切都准备好。他在内心知会自己、许愿盖章，就在今天凌晨离开。

死亡过程是一个人一辈子的浓缩，死亡方式是向世界展示自己独特性的最后一招。世广的离去，和他的一生、他的思维方式、他的行事风格非常吻合。世广活着时是一个永远替别人着想的人，他这样活，就这样离开。世广不愿意让我和武洁眼睁睁地目睹永别。他不愿意把这一幕刻在我们心里，于是就在我和武洁离开医院的这个当口走了。按照传统方式第三天为他送别，他有意无意选择了零点，意味着留了最长时间给别人做准备。

两小时后再次见到世广，他的表情放松而祥和，仿佛一部无字遗书闯入我眼帘——千山我独行，不必相送。说起来，世广没有实现心中的理想，含恨而终；他又是幸运的，十余年间从偏僻的乡下，只身走进东都市的繁华，夫复何求？世广觉得够了，这辈子没准备走那么远，下辈子再继续。

走在病区走廊里，世广的病房安安静静的。在我推门进入的那一刻，在场的亲人突然号啕大哭，令我猝不及防。任我怎样用力拉坐在地上号哭的姐姐也拉不起来。她跺着脚、拍着地，撕心裂肺、如泣如诉地呼喊着弟弟。刚才离开时还干干净净的病房，不知从哪里冒出满地纸片，还有一些衣服扔在地上。看到眼前的场景，我霎时慌了。原本想象中世广的姐姐和弟弟能比入殓师更温柔地帮我擦拭世广的遗体，进门后我却发现世广躺在乱哄哄的兄弟姐妹和满地垃圾中。我愤怒得血涌脑门，但心中一个声音一直拉住我说：世广已逝，我变成了孤家寡人。于是，深吸一口气，极力平静地对姐夫说："病人都在睡觉，把姐姐扶到住院楼外面吧。"

最后还是医院的师傅帮世广穿好衣服。我感激不尽，于是把身上所有的现金一把掏出来，塞到师傅白大褂兜里。师傅稍微挡了一下，我推开他那抚摸过世广身体的手，企盼等会儿把世广单独留给他的时候，他能好好看护着世广。

以前看别人生离死别的时候，捶胸顿足或号啕大哭；当我身临其境面对至亲离开时，不知为什么并不想哭。不是不悲伤，准确地说是没时间悲伤。我不知道接下来如何面对这个世界，如何一个人挣钱、抚养武洁，如何往前奔生活。这个世界不相信眼泪，懦弱要给谁看呢？必须赶紧扛起家的责任。

小时候读掩耳盗铃的寓言疑惑不解，跑去问妈妈："小偷以为捂上自己的耳朵偷铃铛，别人就听不见，他是不是缺心眼呀？"妈妈笑笑，没有回答。此时此刻我发现，小偷一点都不缺心眼，掩耳盗铃是个十足的好办法，可以帮我们不那么直接地面对锥心刺痛。无依无靠的感觉实在让人支撑不住，如果不捂上眼睛假装看不见逃避一下，恐怕只有从二十层楼飞出去才能解脱。

4

他去哪里了

12 月 14 日告别仪式那天，大地银装素裹。在冰天雪地的外面待了一天后，手脚和脸都冻得有些麻木。傍晚时分回到暖融融的车上，身上的毛孔很快都舒张开来。车子压在路面的黄色减速条上，座位下有节奏地传来“咯噔、咯噔”的振动，坐在车里就像婴儿躺在温暖的摇篮里。渐渐地，神思开始飘忽起来——上学时老师讲过父精母血形成人体，可是没讲过人死后去哪里。朝夕相处的世广离开后，他还好吗？

车子明明在路上平稳前进，人却感觉向下坠落。我极力想控制住自己，可怎么也控制不住，身体重重往下坠去。坠落过程持续了好长一段时间，就像迪士尼乐园里灰熊山谷的极速矿车“倒坠”一样——眼睛往前看，人朝身后方向坠落。坠落过程很长，好像在一条黑色的隧道中穿行，外面有股力量往身体里面压，身体里边有股力量向外膨胀。突然间，眼前出现一面巨大的绿色屏障，迎头撞来。我尖叫一声闭上眼睛。过了一会儿发现没什么动静，我睁开眼睛——天哪，冲过来的居然是一片巨大无比的树叶。阳光从树叶另一边照过来，叶片中的脉纹清晰可见，叶脉中的液体夹杂着气泡咕噜咕噜地往前滚动。说时迟那时快，当我还想再看个究竟的时候，内胀外缩的身体重重砸到了树叶上——大叶子看起来像一张大网，当我落在上面那一刻，发现它薄如蝉翼，一下子就穿过去了。穿过去以后速度陡然变慢，上半身被甩得倾斜出去。还好我努力稳住，整个人从下落状态改成双腿着地奔跑。

跑着跑着，胸科医院映入眼帘！是的，没有错，是一家和世广生病时住的一模一样的医院。一切都那么熟悉，只是这里鲜花更加茂盛，景色更加优美，空气更加清新透彻。奇怪之处是，这里的东西都发亮，树木发光，人体也发出亮光。

远远望去，咦？那不是世广吗！没来得及看仔细，我发疯一般冲过去。可是当我抱他时，却发现他像透明人一样，我们抱在一起，但他透过了我的身体，我什么都没抱到。还有让我更诧异的，刚才只顾着冲向世广，忘记了他是肺腺癌晚期病人，左肩膀痛是不能碰的；我们熊抱时他居然没有喊痛！

我拉着世广的手上下打量，不管怎样，他的病看起来确实好多了，脸上还戴着以前那副旧眼镜。我们手挽手走进病区。走廊里一个护士小姐姐端着白色瓷盘从我对面微笑着走过。我使劲在脑子里搜索，她是谁？我怎么没见过？很快，我发现所有的医生和护士都换成了我不认识的。我错愕地站在那里，嘴里不停地重复："怎么回事……"

记得刚去胸科医院的时候，护士姐姐个个凶巴巴的。主任查房前会一遍遍来检查，确保桌上干净整洁，什么都不摆，特别是胸外科的病房更不让摆放鲜花。后来熟悉以后，世广的朋友一拨拨来看望。开始我们把朋友带来的鲜花统统送给护士站。后来朋友来得太多，有些鲜花还是放在病房。第二天查房时，医生、护士进来好像没看见一样，不再提病房摆鲜花的事；新胸科医院的医护人员与原来胸科医院忙碌、严肃的医生、护士有很大不同，看起来比较柔和。刚来彼此不熟悉时，他们没那么凶；住几日熟络起来后，也没那么热情，一派不愠不火、来者不拒、去者不留的随意风格。

记得 11 月初的一个早晨，我扶世广准备坐起来的时候，发现世广的眼睛看不见了！他只是空洞地睁着眼睛，看不到我的面庞。我把脸凑在世广面前，使劲眨眼睛、做鬼脸，想试试他是不是还能看见，结果毫无反应。我仔细端详世广的眼睛，黑眼珠镶嵌在眼角内侧三分之一的地方，不动。面对突如其来的情况，一个声音在心里说：这是我曾经朝夕相处、意气风发的世广吗？怎么变成如此样子了?!更令人不解的是，曾经积极向上的世广，一觉醒来面对突然的失明，不吵不闹，好像失明的不是他一样。

如今，躺在新胸科医院病床上，午后的阳光穿过窗户洒在世广身上，把他晒得浑身酥软。我问世广："失明那个早上，你为什么那么镇定，好像与你无关一样?"

"省心，"世广的回答简单明了，"以前眼睛好时，总是不自觉地向外看；失明后，我依旧能听到病房的声音，但我懒得用耳朵再去听外面的。以前听不到自己心跳的声音，现在听到了；以前看不到自己脑海中的念头，现在看到了。一个个思想的火花闪闪发光，比灯火通明的城市还绚烂。"

"好神奇呀！"我惊叹道，"现在感觉身上好些了吗?"

话音未落，世广一骨碌从床上跳起来，尖叫着跑出病房，差点撞倒一位护士。护士姐姐见怪不怪，像慈祥的老奶奶一样嘟囔："又是一个要出院的孩子。"我跟在世广后面，一起雀跃着跑出来，来到住院楼前的大草坪。

远远的，一位医生朝这边走来，走到跟前对世广说："恭喜你，恢复健康！你已不在人世间，希望你重新带着快乐的心情，开启橘星球的生活！赶紧熟悉一下新环境，这里还有很多事情等你去做。"世广听罢连连点头。

停了一会儿，医生问世广："接下来，你打算用几岁的样貌显现在朋友们面前？”

世广开心地问：“What？！我能自己选择容貌？那我要回到九岁时的样子，可以每天放学带牛儿去山上吃草，自己顺便跳进池塘里洗澡，玩够再回家。那样的生活最惬意了！”

医生说：“好的，马上给你换成九岁时的模样。”

此时，我在旁边仿佛成为外星来客，完全插不上嘴，明显感觉到在橘星球不像在家说话那么管用，于是在下边踹了世广一下，小声说他：“好了，别闹了！”

世广无奈地看看我，说：“好吧，再陪你几日。不过时间一到你必须马上回去，你在地球的使命还没完成。”然后，转过头不情愿地对医生说，“这几天我还是先用雨琮熟悉的老样子，等她走了，一定帮我换成九岁的模样！”

医生会意地笑笑，说道：“别忘了，橘星球数据交换不用Wi-Fi和蓝牙，直接用脑电波传送！”

我听得丈二和尚摸不着头脑，只管和世广继续往前走。出了新胸科医院大门，世广一边迈着轻快的步子，一边吹着口哨。之前的疼痛不见了，曾经揪着的一颗心也放下了，世广整个人都洋溢着一种充实和满足感。与现在的快乐相比，之前的痛苦统统算不得什么。看到世广如此开心，我也跟着欢快起来。没一会儿唇齿间满满都是馄饨香味。我觉得纳闷，没吃馄饨，哪来的馄饨香味？

世广见状问：“怎么了？”

“我好像吃到了你们湖畔县一中门口的馄饨。”我说道。

“我实在是开心，开心到想起了高中每天晚自习结束后，学校门口巷子里热腾腾的鸡蛋馄饨飘出的香味。那时我学习成绩非常好，考到县一中后刚好和县长儿子在一个班。县长邀请我到他家住一个学期，条件是带着他的宝贝儿子一起学习。很快我和那个同学成了要好的朋友，每天晚自习放学后，由他的县长老爸出钱，我们两个到学校巷子口的馄饨摊，一人吃一碗现煮的馄饨，里面还加两个鸡蛋。鸡蛋是我爸爸担着箩筐，从家里一步一步挑到学校的。每次喝到香喷喷的馄饨汤、吃着家里的鸡蛋，心里有满满的幸福，也有压力。刚才这些只是在我脑子里一闪念，你就尝到滋味了？”世广问道。

“嗯。”我点点头。

世广对新发现兴奋不已，叫道：“这就是医生说的用脑电波交流吧？如果有这等好事，橘星球就再不用学英语了！”

“那咱们再试试看。”说罢，我对着世广眨眨眼睛，想告诉他前几天武洁去金山岭长城的事情。我集中精力回想照片上武洁在长城露营从帐篷里伸出小脑袋的样子。然后气贯脑仁，把图像传给世广；世广看着我的眼睛，脸上很快流露出急切的表情。

显然，世广收到了我发给他的图片。武洁在长城徒步时，手机没有信号，小分队两天没有给家长发任何消息，我只能在家里握着手机焦急地等待。日后，一看到武洁在长城的照片，总会联想起当时的紧张和不安。现在把照片传给世广，世广不仅收到了图像，连同图像背后不安的心情都收到了。

世广会心一笑，说："Wi-Fi 和蓝牙再先进也只传输图像，不能表现心情。地球生活最难办的事情当数猜你的心思，这下好了，多看看眼睛就好！"

恢复健康的世广情不自禁地屈伸一下左胳膊，充满力量，不像生病时靠在床上，动一下胸部都痛得难受。我们两个继续漫无目的地往前走。一眼望去，浅浅的海水里，星星点点散落着好多小岛。我和世广蹚着浅浅的海水，被眼前一座小岛吸引，决定过去一探究竟。岛上覆盖着一层薄薄的海水，小岛是相对于四周平坦的海床而言，这里凸起来算是一座小岛。岛上长满热带植物，枝繁叶茂的大树上露出树屋一角，下面有软梯随风摇荡。岛上的房子像云南傣家竹楼一样，一层挑空，不时有斑马从底下穿过，车子进出房子的道路在三层。

我和世广上梯子爬到阁楼上张望，不远处有几个小孩在水里玩耍。仔细看去，孩子们脸颊处都长着一块像鱼鳃一样透明、薄薄的骨片，外面有一层皮肤连着。其中一个大一点的孩子跟我们打过招呼后，一个猛子扎到水里，一口气就游到远处的一座岛上。看到眼前的景象，世广露出一丝笑容，说道："我懂了，气候如果持续变暖导致海平面上升以后，人类有潜力像他们一样长出鳃的。你看，刚才那个孩子虽然不像鱼儿那样一天二十四小时在水里，但他比我们待在水里的时间长多了。"

这会儿，阁楼上飘来一股香味。我和世广摸摸肚子，已经好久没吃东西了。走进餐厅一看，烤牛肉配豌豆苗不动声色地挑逗着我们的味蕾。这里的豌豆苗看上去比以前见过的颜色更显深绿，尖上留着三厘米左右的梗。连梗带叶放到嘴里，嚼起来都很嫩。世广切下一块烤得有点焦黄的牛肉，放到我的盘子里，说："尝尝。"正当我夹起牛肉准备往嘴里放时，旁边过来一位面容和蔼的女士，身材圆润，像极了小时候严厉的妈妈，猛一眼以为是妈妈变温和了。她莞尔一笑，在我身边坐下后，问："怎么样，喜欢吗？"

"嗯，嗯，味道不错。"我忙不迭地答道。

她推推黑边眼镜，又问："吃出有什么不一样吗？"

"不一样？"我满脸疑惑。

"这是人造肉，人造肉不是传统意义上豆制品一类的'仿肉'，是真正的牛肉，只不过不是屠宰后从牛身上分割下来，而是用牛胚胎细胞按照牛肉的各种成分组成和比例，在实验室培育出来的。”

“科技好发达！”我不禁啧啧赞叹。

“是啊，从生理学和解剖学角度说，人类的身体都适应多种类型的食物，包括肉类和蔬菜等。现在科技进步到能生产出人造肉了。”

“我原先也听说过人造肉，只是成本高得吓人。当时预计若干年后，会在超市普及。”世广说道。

“过段时间雨琮回到地球，如果发现哪只股票是关于人造肉的，一定要考虑，前景非常好。”她补充说。听到此，我习惯性地看向世广，世广也颇有默契地看向我。四目相对，知道了，回去照办！

“雨琮没想到在这里先尝到吧？我是融心阁的亲善大使，欢迎世广到来……”

“只欢迎世广，不欢迎我？”我暗自思忖。

“世广从临终前昏迷开始，一直没怎么说话，要不然先给我们讲讲，那几日你都经历什么了，好吗？”这一问，打开了世广的话匣子。

“从失明起，我心里对于离开的日期，就有了隐隐的向往。刚开始，我慢慢觉得吸不到气、手抬不起来；后来血压怎么也上不来，精气神渐渐离我而去，我能感觉到自己气若游丝；再后来，我甚至知道自己的呼吸由慢变急促又变慢了，那时我飘到窗户外去了。窗户里的自己在昏睡中口吐白沫，而飘在外面的我别提有多自由自在了！我不愿意回到插满管子的身体，因为回去以后醒来还是无边的疼痛。正当我游移不定的时候，你们猜我发现了什么？”

“什么？”我瞪大眼睛问。

世广笑着说：“一只蟑螂！我灵机一动，飘进蟑螂身体里面。随着蟑螂展开翅膀滑进一段下水道。进到蟑螂身体里面后闻到的不是臭气熏天，而是蟑螂看到蛋糕时的开心！你们不知道，我的意识进入蟑螂的身体里面有多么神奇——我用蟑螂的眼睛看世界，发现前面有一块蛋糕；用蟑螂的皮肤感觉空气，下水道里温度不冷不热；用蟑螂的嘴巴品尝那块过期蛋糕，美味至极！”

“过期蛋糕如何下咽？”我问。

“不是我的嘴巴，是蟑螂在品尝，我只感觉到蟑螂的快乐！”世广有些得意扬扬。无论是从世广的神采，还是与他目光相对，都实实在在看到了他的开心。我把眼帘垂下，心想：乖乖！我们在病房傻傻地忙着判断病情，他看起来整日昏睡，原来是跑出去玩了。

“在生死交界处，我发现原来人的思想意识并没有完全被锁在身体里面。它可以随风流动，风吹到哪里，它就旅行到哪里。

我看着山，山看着我；我看着水，水看着我，我变得像水一样自由自在。小时候在山里生活时，曾经有过这样的乐趣。

“我出生在长江中游的江州市。沿着从市区去湖畔县的干线公路行驶一百多千米，有一条小路蜿蜒上山。山坳里有个几十户人家的自然村，有个响亮的名字叫丰华村。若说不识庐山真面目，只缘身在丰华村，真是再合适不过了！家里祖祖辈辈居住在此，我前面有两个哥哥早夭，因此我是家里男孩老大。1993 年大学毕业后留在大学当老师，后来去了集团公司人事部工作。工作勤勤恳恳，加上山里孩子的质朴劲，使我很快成为单位里的业务能手。得到认可后，更是使出浑身解数希望博得更多认可。此刻飘在身体外面，感觉最对不起的人是自己。长大以后整日把自己锁在沉闷的身体里面，把每日所穿的肉体衣服搞到这里破洞、那里漏水的地步，难以再用这个身体回去维系地球之旅。于是在 12 日凌晨决定不回去了。

“死亡来临时，是一种宁静和安详。肉体带不走、功名利禄带不走、一辈子花大部分力气追逐的东西统统带不走。倒是每天一点一滴在工作中凝聚下来的感受，浓缩在这一刻，陪伴我到最后。如果知道我这么早死，当初实在不应该有那么多妥协，应该更勇敢地去做自己。如果当初我能够勇敢地离开这份工作，或许会有更长的寿命，可以多陪陪雨琮和武洁。但是，我终究没有离开让自己不快乐的工作。走过这一遭后，可以破除大部分对死亡的恐惧，因为那都是头脑里的想象。

“身体是地球的土特产，离不开地球。我们用身体在地球生活了几十年，但地球不是我们的家，我们是来地球上学的。现在好了，我用现在这个新的身体，如同换了一件新衣服穿在身上一样神清气爽。”

世广话音未落地，海面突然狂风大作，一片乌云压境之势。小岛与海水连接的地方，警灯不停地闪烁，声音响彻天空：“雨琮离岛前，请在世广一人和除世广以外的七十亿人类之间做出选择。按左边按钮，你将选择和世广在一起，人类被风暴毁灭；按右边按钮，你将选择和全人类在一起，世广被风浪彻底卷入海底。倒计时现在开始！”

一切太突然，误入小岛之初，平静背后曾有一点隐隐的不安，不承想来得如此山呼海啸。“等等，能否不选？”我急急问道。

“默认为右侧按钮。”使者快速回答。

我毫不犹豫地抬起左手，滔天巨浪瞬间扑来。我下意识地闭上眼睛，眼前呈现一个九岁的小男孩，清澈而文静。我好奇地看着他，刚要走过去和他说话，不料小男孩先开口问我：“醒来了？”我心里一惊，挣扎着睁开眼睛一看，发现是刘奶奶在问我。

刘奶奶说：“你昏睡了好久，人虽然昏迷，口里却一直念叨‘味道不错’。”

我抬眼看去，桌上的日历牌翻到12月16日，怪不得刚才那位使者只欢迎世广不欢迎我，原来我和世广不一样——世广真的走了，在那座小岛上，岛上两小时人间是两天。

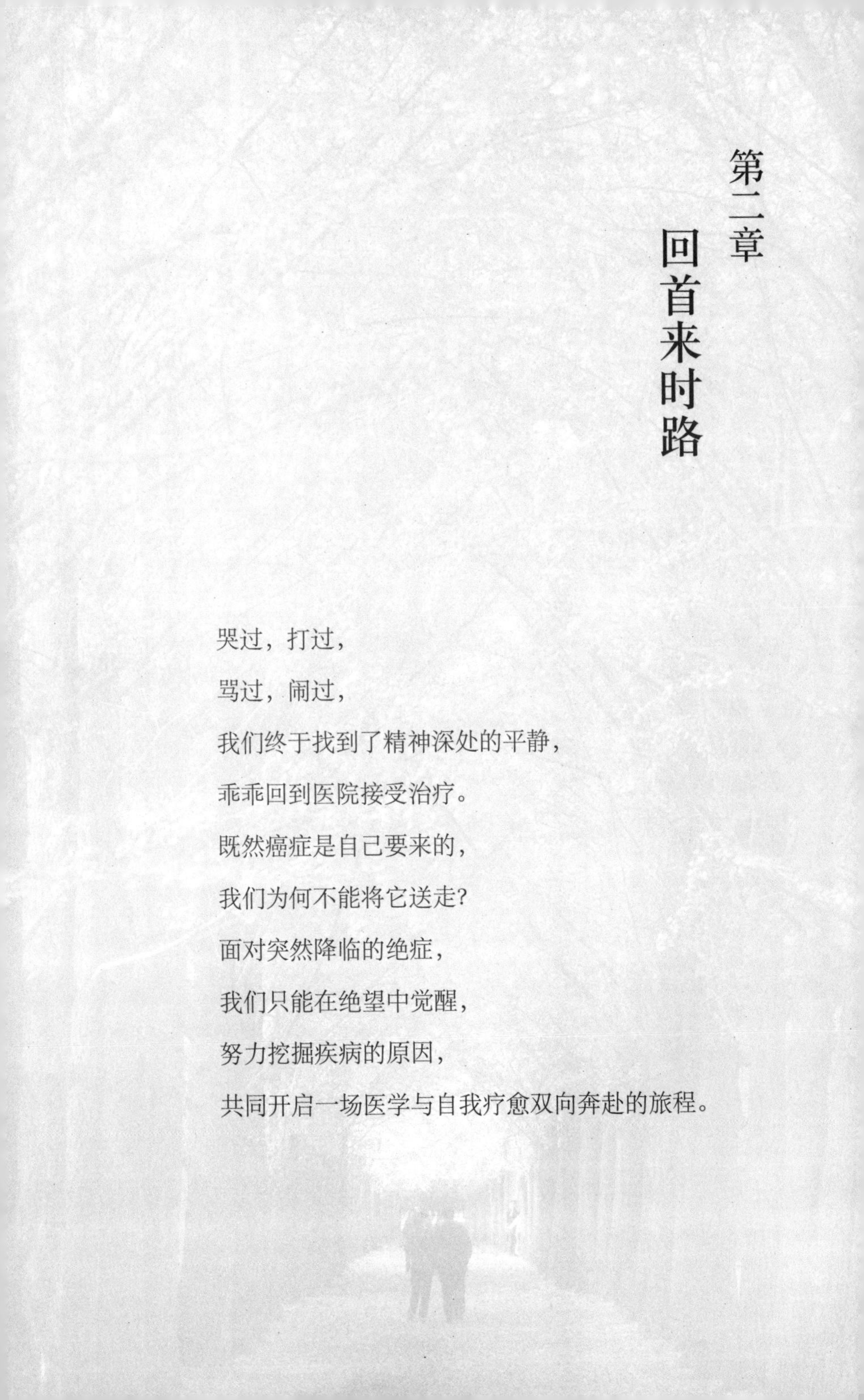

第二章 回首来时路

哭过，打过，

骂过，闹过，

我们终于找到了精神深处的平静，

乖乖回到医院接受治疗。

既然癌症是自己要来的，

我们为何不能将它送走？

面对突然降临的绝症，

我们只能在绝望中觉醒，

努力挖掘疾病的原因，

共同开启一场医学与自我疗愈双向奔赴的旅程。

1

晴天一声霹雳

2011 年 11 月，世广因畅通三线工程的环境评价工作出差，半夜十二点多回到东都。第二天一早，我照例送武洁上学。临出门前，世广拉住我说：“我这两天有些咳嗽，上午去医院开些药。”

我一怔，世广十几年没生过病，更没听他主动说起要去医院开药，今天这是怎么了？早上时间紧张，我没来得及多说就出门了。晚上回家，世广边脱外衣边对我说：“今天我做 CT，医生说下周四要家属去取结果。”

要我取结果本是小事一桩，但我发现苗头不对——一般的检查化验结果不需要家属去取！我赶紧问：“早上说好的只开些止咳药，怎么还需要做 CT？”

“是啊，我今天跟医生说了开药的想法后，他让我先做个胸透，结果五元钱的胸透把放射科医生搞得大惊小怪。胸透做到一半停下来，他跑到门诊去把开检查单的大夫叫过来，两人凑在一起商量半天。我问他们，他们也不说。门诊大夫只说让我去拍片；拍完片，又让我做 CT；CT 做完，一周以后要家属去取结果。”

我赶紧拉着世广坐到沙发上，问：“你没事吧？除了咳嗽，还有哪里不舒服？”

“没什么不舒服。这次在新疆出差特别忙，后来发现有点感冒咳嗽。武洁发烧刚好不久，我怕回来传染给他才去开些药。你什么时候见我去医院看过病？去了就惹出这么多麻烦。”世广悻悻地说。回想一下，世广确实没生过病，准确说不是不生病，是不敢生病。不要说请假这种耽误工作的“大病”，平时洗澡时手机都要带进浴室里，生怕来电话听不到。

正想着，世广用左手捂着右肩膀说：“最近老觉得肩膀痛。”

我原本想跟世广说，这么要紧的时候，你能不能重点说说肺有什么不舒服，扯什么肩膀痛？腰酸背痛可以慢慢处理。转念一想，不能这么说，不清楚肩膀痛到底和肺有没有关系。终于熬到 17 日，如约来到诊室后，医生拿着 CT 片子对我说：“情况严重，马上住院。”

“严重到什么程度？”我问。

“太像肺癌了。”医生摇摇头说道。

“太像肺癌”？！是就是，不是就不是。你身为医生，告诉我像肺腺癌，难道要让我赤手空拳自己做判断不成？从医院大门出来到主路，大约三百米距离。我边走边哭，世广要是病倒，这个家可怎么办呢？我掏出手机给世广打电话，他听后第一反应是：“医生说话总是很严重，把人吓得七窍生烟。”

我心里非常渴盼世广的病不严重、是医生说得很严重，但不严重的话从世广嘴里说出来，我总觉得不放心，于是说：“门诊那么多感冒咳嗽患者，医生没有都让他们去做 CT 检查。医生为什么不怀疑别人，偏偏怀疑我们呢？”

世广听我说完，冷静地说：“我马上找关大夫，联系住院。”

关大夫和世广都来自江州市湖畔县，两人私交甚好。关大夫部队转业后一直在公司保健部工作，听完世广的情况，找到一家医院有床位，不管三七二十一让世广先住进去。接着，马不停蹄地联系各家医院胸外科专家，把 CT 片拿去请他们看。

短短两天，关大夫约了四五位专家，带我一起去拜访。专家特别忙，见面后一边和关大夫寒暄，一边把 CT 片“啪”地卡到灯箱上。我看不懂 CT 片，只好看专家的脸，希望从他们的表情里读出病情。拜访第一位专家时我没经验，拜访第二位时依旧摸不着头脑，见到第三位专家时，我发现他们的表情神同步：眼神首先直奔整张 CT 片中部，驻足一阵后抬眼扫一下右上角患者的年龄，嘴里念念有词，“哦，四十一岁……”神情不如刚才拿到CT片往灯箱上卡时那般帅气，稍微有一丝惊讶掠过；然后，视线挪到CT片右侧，等眼神再回到片子中间时，准备开始说话。几位专家意见高度一致：情况不乐观，因CT片是影像资料，看片只能说高度怀疑肺腺癌。要想确诊，最可靠的方法是“活检”。

相比于说话惜字如金的专家来说，关大夫是自己人，有什么不懂的我直接请教他。我问关大夫：“世广平常好好的，怎么可能一下就变成肺癌了呢？肺部‘活检’是不是要去肺里取活体组织？需要做手术才能取吗？世广现在没有严重症状，只是轻微咳嗽，有必要那么大动干戈吗？”

关大夫一句话回答了我一连串的问题。他说：“情况不容乐观啊！”

就在我和关大夫马不停蹄辗转于各医院胸外科的两天时间，世广病情急剧恶化，呼吸困难、憋气严重。世广连夜打电话给关大夫，说：“等和平医院的床位怕是来不及了，直接去胸科医院。”于是我们当晚九点来到胸科医院急诊。医生看过CT片后，让我们明天一早去三病区住院。不巧三病区没有床位，世广呼吸困难又相当严重，临时调换住进五病区。

五病区接待我们的是张医师，他先带世广去B超室，然后径直去处置室抽胸水。大约一小时后世广出来时，腰间多了一个引流袋，里面有小半袋淡黄色液体。我和关大夫赶紧上前搀扶世广，张医师交代说："胸水很多，样本送去做化验。"

第二天中午，世广在病房休息时，张医师推门进来，叫世广过去再处理一下胸水。这次比昨天快很多，三五分钟就结束了。正当我想陪世广回病房时，张医师拦住我们，说："世广先回病房，家属来办公室一趟。"

医生办公室有两位医生和一些患者。张医师侧身挤到办公桌前，挪开盖在桌面上的病例夹，把扣放着的一张纸递给我，说："胸水中找到癌细胞，确诊为肺腺癌晚期。"如果说之前在几家医院看CT片排查的过程还心存侥幸，犹疑要不要做活检，现在不用犯难了，胸水中找到了癌细胞。化验结果摆在眼前，无可辩驳。世广的病就是人们常说的肺癌，我成为癌症患者家属。

十几年的共同生活，让我和世广无话不谈。上午在病房时，我们两个拉钩上吊一百年不许变：接下来在医院里，无论发生什么，共同面对；不论发生什么、大夫对我们其中一人说什么，我们之间的真情青天日月可鉴，一定互相不隐瞒。上午许下约定，让我七上八下的心刚刚得到些许安慰，下午要面对的却是我先知道了结果。接下来，我将如何信守诺言，怎么跟世广说呢？医生办公室距病房十几米，世广还在等我。没时间容我多想，我满眼泪水走回病房。

“胸水里找到癌细胞，张医师说，是肺腺癌。”我如实告诉世广。我们不是专业医护人员，我转达了张医师话里面我没完全听懂、估计世广也没听懂的部分——胸水里找到癌细胞；对于听懂的部分——张医生原话里的“晚期”两个字，不自觉地抹去了。以前，世广总对我说“假话全不讲，真话不全讲”，听得我耳朵都长了茧子。此时此刻我没有刻意想对世广隐瞒什么，嘴巴到了“晚期”两个字自然而然收住。从那时起，“晚期”两个字就静静躺在诊断书里。我没跟任何人，包括领导、父母和朋友讲起。我担心说出去后，不知哪天传到世广耳朵里。如果换作我，毫无征兆地上来就是肺癌晚期，我会疯掉，我不确定世广知道后会如何。

咽下去“晚期”两个字之后，我有些做贼心虚，时不时地说一句：“癌症治好的人很多，何况咱们这么年轻，肯定能治好！”刚开始说这话的时候，我一点信心都没有，完全是为了鼓励世广才咬着牙说出来的。没几天以后，我发现自己居然慢慢对此信以为真。我甚至畅想，当世广治愈那一刻，我告诉他“你当初确诊时是晚期”的时候，他惊讶的样子会有多么可爱！整个病房里，除了张医生和李主任外，大概只有关大夫对世广的病情心知肚明。病房外的楼道里，关大夫小声对我说：“雨琮，肺癌相对来说不算很烧钱，回去准备几万元钱住院吧。”

送走关大夫后，世广说想出去走走，于是我俩穿上大衣来到车上。世广坐在旁边副驾驶座上给我指路。我按世广指的方向机械地左转右转，一路跌跌撞撞把车从东长街开到郊外，一前一后走进一座小屋。世广把门锁闩上，重重地倚在门后，哭泣起来。我走过去，两人一起在房间里抱头痛哭。过去的幸福生活戛然而止，此刻世广不再是踌躇满志的年轻人，而是要直面死亡的肺腺癌患者。

身为数学状元，世广买东西从不算账；身为人力资源部负责人，总是设身处地为同事考虑，多争取一些福利或名额；身为大学辅导员，夜深人静与喝酒打架的学生促膝谈心、督促他们改正缺点，同时千方百计帮他们避免被学校处分；身为父亲，无论工作多疲惫，晚上回到家总是分担家务；身为儿子，每年春节无论车票多难买，站着也要回家陪父母过年。近乎完美的世广，怎么也想不通自己做错了什么。“为什么？为什么是我得了癌症？我怎么开口跟妈妈说我得了肺癌？我怎么面对接下来的人生？我还能升职吗？我还能陪武洁吗？我还能活多久？我干什么伤天害理的事了？没有，我一丁点害人的心都没有……”

世广哭着，转身捶打房门。腰间挂的引流袋随着转身，从大衣里面甩出来，滑落到膝盖。吓得我一把捂住他，赶紧扶他坐下。世广表情木然，呆呆地坐了一下午，直到窗外天色渐渐暗下来。自从懂事以来世广一路奋斗，到头来，落得出师未捷身先癌。在一个男人生命最绚丽的季节，被五彩斑斓的世界重重地抛弃了。宇宙浩瀚无边，世广孤单、悲哀地漂流在其中，一纸诊断书瞬间把他变成可有可无的人。

在这个蔚蓝色的星球上，没有人知道我们今夜身处何方；一干好友依旧杯觥交错，没有人知道世广挂着肺引流袋在哭泣；武洁依旧天真烂漫地在搭积木，爸爸不在家他习以为常；远在江州的妈妈，依旧盼望着世广为家族添光增彩，不知道儿子的心今夜在流血。

太阳照旧不紧不慢地升起，不紧不慢地落下，不因为我们缺席而有一分一毫的偏差。世广揉揉红肿的眼睛向窗外望去，外面太阳明晃晃的，刺得眼睛生疼。呆坐了两天多，世广有些腻了，开口说："再继续待在这里，死了臭掉都没有人知道，回去化疗或许还有希望，大不了兵来将挡水来土掩。"就这样，在这座没人知道的小屋里哭过、打过、骂过、摔过、砸过、闹过后，我们还是老老实实地回到了医院。

2

乖乖接受医学治疗

白天在医院里陪伴世广进行各种检查时，医生的话有时听不明白，心里着急想弄明白，因此一有时间从医院回家，就迫不及待打开电脑，去搜索化验单上的缩写名称和医生说出的名词。点点滴滴算是积累了一点肺腺癌的初步知识，但还是难以形成一个整体认识。我想或许白纸黑字的书籍更具权威性，于是买来一大堆中外书籍，希望得到关于诊断、治疗、护理方面的知识。

看得比较多的当数菠萝的书。菠萝在《深呼吸》[1]一书中写道，肺癌就是指肺部癌细胞的失控生长。肺癌，通常是从主支气管和肺部的内壁细胞开始。这些癌细胞不具备正常细胞的功能，不能协助氧气和二氧化碳的交换。当它们快速生长时，就会形成肿瘤，并干扰肺部功能，尤其是向全身供氧的功能。

---

①菠萝：《深呼吸》，清华大学出版社，2018 年版。

从正常细胞变成癌细胞，至少需要两个因素：一是发生基因突变，二是逃脱免疫系统监控。肺癌分型根据肺癌细胞在显微镜下的形态特点，可以初步分为两种类型：小细胞肺癌和非小细胞肺癌。分型主要讲癌细胞长啥样，而分期则主要说明癌细胞是否扩散。

后来奔着台北荣总的名号，找到了台北荣总肺癌治疗团队的《图解肺癌诊治照护全书》[①]。书中写道："晚期肺癌"是指癌细胞侵犯临近淋巴结或肋膜或癌细胞转移至骨头、脑部或肝脏等远处器官。书籍总策划蔡俊明在书中写道："肺癌是不是晚期不重要，有效的治疗才是关键。"对患者有益的治疗方法要能用上，有益的药物要用好。

菠萝在《深呼吸》[②]中还写道，根治性治疗是以治愈为目的，姑息性治疗是以延长生命、提高生活质量为目的，这两种策略有根本区别。具体治疗方案是只需要手术，还是需要手术 + 放疗 + 化疗同时使用？或是用靶向药物？这些问题都值得向医生问清楚。

还有一本书[③]解释了癌症为什么难治，有三个主要原因：第一是癌症是"内源性疾病"。癌细胞来自患者自身，是患者

---

①台北荣总医院肺癌治疗团队：《图解肺癌诊治照护全书》，上海科学普及出版社，2020 年版。

②菠萝：《深呼吸》，清华大学出版社，2018 年版。

③菠萝：《癌症 · 真相》，清华大学出版社。

身体的一部分。癌细胞虽然是变坏了的人体细胞，但仍然是人体细胞，所以要搞定它们，几乎注定是“杀敌一千，自损八百”，这就是大家常听到的“副作用”。第二是癌症不是单一疾病，而是几千几万种疾病的组合。第三是癌症可以很快产生抗药性。生物进化是一把双刃剑。自然赋予我们这种能力，让我们能适应不同的环境。但是癌细胞不仅保留了基本进化能力，而且更强。针对我们给它的药物，癌细胞不断变化，想方设法躲避药物而存活下来。

听不懂医生的话，渴望上网查询；上网查到的资料不全面、不系统，渴望买书学习；书买来看过之后，发现无论是上网还是看书，回到病房，面对世广的病情，依旧一筹莫展。于是我就伸长耳朵，想听听病区里其他医生、病友讲病情，看看他们都是怎么治疗的。

世广见状，拦住我说：“别操那么多心，咱们不懂医学，还是老老实实听张医师的话吧！坐飞机在空中遇到强气流颠簸，扶手抓得越紧越害怕，不如干脆放掉，像小婴儿躺到妈妈怀里一样温顺地躺到座位里面，把自己全然交给机长。我们虽然不能做手术，却机缘巧合住进以手术为主的五病区。李主任和张医师天天开胸做手术，没有人比他们更了解肺癌。把自己交托给他们，是最大的幸运。只要李主任不赶咱们走，咱们就感恩、知足。”生病之前，世广一直非常信任同事、部属。这个优点在治疗过程中也帮助他轻松了许多，弄得我们两个在病房像度假一样。按照世广的理论，医学上的事情包括用什么药、什么时候用，这些统统有医生操心。我们只要做到护士来打针就乖乖打针，来送药就乖乖吃药。

世广和李主任简直如同一阴一阳。阴性力量看似不做什么决定，偏向被动和柔顺，但可贵之处在于信任，心甘情愿地让阳性力量带着它走。李主任被世广的真诚打动，帮助世广免掉了一些可做可不做的检查。医生发自内心替病人着想和出于免责态度进行治疗，对治疗过程影响很大。治疗效果很多时候靠数据衡量，如果病人不能全然信任医生，医生势必用检查来佐证治疗效果。久病的病人血管和身体状态都很难快速恢复到满血复活状态，检查一步步做下来，体力消耗不容小觑。后来有一天，我们在病房走廊里碰到李主任，他说："世广，我很感激你们！"

我在旁边听了颇为吃惊，心想：你是病区主任，我们是病人，何出此言？李主任接着说："很多病人一边在这里治疗一边寻访各路名医，这样的心情我理解。任何治疗方法都有利弊，病人不是医学专家，听得太多有时会把自己搞糊涂；不同的专家出于不同的考虑，给出的意见本身就不一致，你自己没办法从中做选择，有时候不如选定一个地方好好治。世广全然把生命交给我，你们的信任让我感动！"

3

简单而深厚的信心

病房里，每天依旧林林总总好多朋友来探望世广，讲述他们知道的各种疗法——印度靶向药、蚂蚁疗法、古巴疫苗等。世广对这些花式疗法很排斥，礼貌地笑笑，便从耳边掠过。其中一位朋友带来两本书，让世广情有独钟。当天晚上我回家的工夫，世广把书看完了。第二天早晨一见面就对我说：“长虹送来的书挺好，提倡在中医和西医治疗基础上，增加心智成长对癌症的疗愈，我很感兴趣。”走投无路中，听到世广说有让他感兴趣的治疗方法，我兴奋地一把抱住世广。马上订票，起身去浅湾市拜访。

风先生和助手天香接待了我们。听过世广病情后，风先生说：“情绪致病已经不是什么秘密，中医大夫十个有九个都叮嘱要保持心情舒畅。问题是面对无理的上司、不听话的孩子、来自不同星球的老婆……保持心情舒畅也不是容易的事情。换句话说，你得知道是哪些事情或者哪类事情容易让你心情不好。”

风先生的话切中世广关心的要点。尤其世广每天在医院里看着医生查房、手术、会诊忙得不可开交，自己只能看着输液瓶中的药水一滴一滴地流进身体，疗效如何，不置可否。这让世广心生焦急，他特别想知道癌症的成因到底是什么，这样治疗起来会有的放矢许多。去问医生，回答是“遗传、环境、饮食等因素都有可能造成肺癌，具体情况因人而异。”

“美国教育学家约翰·杜威上小学时，夏天班里蚊子特别多，老师组织大家灭蚊。捕蚊网、灭蚊拍、灭蚊药水，一番大战之后蚊子没有减少。后来杜威带来一把镰刀，清除掉教室后面的一片杂草后，蚊子奇迹般地消失了。原来通过细心观察，杜威发现杂草丛才是蚊子的来源和藏身之处，把杂草清理掉能彻底消灭蚊子。杂草和蚊子算是直接的因果关系，癌症由于形成过程漫长，不那么容易找到直接原因；加上形成原因众多，不容易分清到底是哪个或哪几个原因导致的。如果没有解剖，检查出癌症会觉得很奇怪——明明很健康，怎么会变这样？原因很简单，是过去没有看到一、二、三、四、五……的渐进式变化。癌症一下子呈现在面前的时候，当然觉得接受不了。

“如果你一辈子身体健康、万事如意，每天心情好好的、吃饭喝茶，绝对不会想这么多！而你在四十岁，一个男人生命最绚烂的年纪，所有理想都化为梦幻泡影，你不得不问生命的追求到底是什么。原本应该面对的内心世界，一次又一次地逃避，问题一直在那儿。有事完成了才能没事，不可能没有处理就假装没事。看清楚内心世界后，怎么做都对，没有看清楚怎么做都是错。想想看，你每天有几次想告诉雨琮，你有多爱她，可是你说不出口。你用不断的担心来折磨自己、折磨雨琮，可是从没说出一句‘我好爱你，我不能失去你’。或许在你的观念中，谁先说爱，谁就输了；从早到晚，你有多少次不甘？你不甘自己赚的钱比人家少，不甘自己不够成功；从早到晚，你有几次想做你自己、可是你没有做；从早到晚，你起了多少次念头——‘领导交办的事情，我没有让领导满意’‘我的报告这样写，好像有不妥’；从早到晚，你有多少次生气了，可是无奈又不能发作，压下来忍在心里？”

风先生话音未落，世广就说：“要说生气又无奈的事情，太多了！如果每天都计较这些小事，我还要不要工作，要不要在单位混了？对这些我根本都不生气，这世界上几乎没有让我生气的事。我经常对雨琮说，宰相肚里能撑船。”

“真的吗？”风先生追问，“搞不好，没有生气的事，正是你生病的原因。你不是没有生气的事，你有，而且很多，只是不能发泄，都累积在心里。生病的人最重要的不是正向思考，重要的是要让负面情绪和负面能量流动起来。生气不让人生病，爱恨情仇都不会让人生病，会让人生病的是你认为它不对，然后压抑它，不让它流动。当你恨的时候要说‘我恨’，当你不爽的时候要说‘老子我不爽’。”

“我没有资格恨，也不应该恨。”世广说完，空气仿佛凝固一般。

许久，还是天香打破僵局，说：“过去大家对于情绪和脾气，没有认识到能对生命产生如此巨大的影响，而对吃错了一点东西、受了一点风寒会很警惕。其实，这些是健康的小头，如果处理情绪的方式、思维方式有缺陷，真的很危险。

“癌症可以理解为气不流动、淤积形成的肿块，把肿瘤撑起来的力量是什么？巨大的情绪。肿瘤就像一个充满气的气球，如果不给它泄气，它会蹦得老高；想象把气针插进去放气，情形和把肿瘤背后压抑的情感宣泄出来一样。负面情绪宣泄完了，肿瘤也就瘪了。如果小猪存钱罐每天放十元钱进去，年底是三千六百五十元；如果每天拿走十元钱，年底就是零元。

“现代人工作变动的频率越来越高，老一辈那种进去就是一辈子、老了领退休金的工作没有了，随时都要迎接各种可能的变化。如果没有对自己有足够的觉察，变故一下子来临，就让人措手不及。检查出癌症来，才错愕地大呼：‘啊，怎么是癌症？！’事实上，癌症前的蛛丝马迹很多——工作无能为力好久了，委屈憋好久了，不快乐很久了。一件一件事拼凑起来才恍然大悟，原来当初那些变化没有注意到。

“我们经常是在不自觉中累积负向情绪。一个家庭人口再少，两三天也要倒一次垃圾；负面情绪一样要及时清理。记日记也好，找朋友诉说也好，运动也好，找专业人士倾诉也好，或是听听音乐，总之要定期面对生活当中的压力，养成清除负能量的习惯。不要等它累积到很高的浓度，生病了才开始处理。这样的预防简单有效，人人都能做到。”

话题很快转到世广最近遇到的一个困难。世广说：“癌症治疗中经常遇到两难之选：是否手术切除肿瘤？手术切除的好处是……风险是……服用新型药物的好处是……风险是……开始时，我和雨琮试图仔细聆听医生介绍，有听不懂的马上找‘度娘’和‘谷哥’搜索，不承想网上搜到的观点各持己见，公说公有理婆说婆有理，看得眼花缭乱依旧不知如何选择。”

“既然怎么选都有利有弊，不如把两难之选变成两利之选，只在一念之间：一念上天堂，一念下地狱。选择任何治疗方法之前，都要先有坚定的信心。不管哪种方法，一旦选定就坚信其效果。眼睛所到之处很多不可能，信心所到之处飞花摘叶。最简单的例子是，家长越信任孩子，孩子表现越好；员工越得到老板的信任，表现越好。如果一直想找怎么做才是对的，那就怎么做都是错的。

因为试图想做对这个出发点背后的想法是怕做错，才会小心谨慎找方法，其实是对治疗结果没信心。只要对结果有信心，方法随时变。

“世广，你知道治疗中信心不足会如何吗？”风先生问。

“呃，这个，没想过。”世广答道。

“治疗中信心不足的人会专门收集病情恶化的证据，所有的进步仿佛都是小小的，算不上什么。只要有一个指标恶化就紧张恐惧，随之而来的是各种花式想象：我能不能承受这个治疗？治疗后会不会留后遗症？我会不会死掉？看到孩子，心里会想：不知道能不能看到他长大？经过工地，心里会控制不住地闪过一个念头：不知道能不能等到封顶大吉？”

听了风先生这番话，我心里想：见鬼！他怎么如此了解我们的心态！世广在医院里刚刚嘀咕过的事情，风先生怎么知道？面对眼前这位似乎有些了解我们的陌生人，我抱着极强的好奇心，想听听他说什么。

“如果肺腺癌百分百能治愈的话，就用不着信心。就是因为没有把握，才需要信心带领我们克服治疗过程中的困难。否则会一直找方法，到头来却是缺乏信心。以前都是先找到方法，才觉得问题可以解决。这时候要颠倒过来——不去管用什么方法，带着简单而坚定的信心就是相信癌症一定能治好。至于怎么治好的，契机怎么发生的，名医怎么遇到的，治疗方法怎么发现的，你现在不需要考虑那么多。只要把心打开，方法或许会在一通电话、一则新闻或是与隔壁邻居的一番交谈中，出乎意料地来到身边。南美洲亚马孙河流域热带雨林中的蝴蝶，扇动几下翅膀，可以在美国引起一场龙卷风，过程神奇得无法想象。世广唯一要做的就是先相信自己是健康的，以结果逼迫治疗过程。”

“我们又不是医生，怎么能先确定结果？”我面露疑色。

“世广使用顺铂化疗，检查认为效果明显，你以为是药物的作用？其实不完全如此。化疗在身体上的作用，本质上是身体自身的疗愈。因为如果是化疗药物的作用，同样的药物用在每个人身上都应该有效。事实呢？用在你身上有效的药物，用在另外一个人身上就不一定有效。医学治疗只是帮助你启动自身的修复功能，自身修复功能启动最需要的是信心支撑。尤其是生病的人，越相信你是健康的，越有可能加快康复进程。”风先生说道。

“这太吊诡了！明明是生病了，还要相信自己是健康的。”我低声念叨，抬眼看看世广，他还是把情绪包裹在不露声色的面庞中。

4

新认知

“世广，先回想一下最近几年的内心世界，有没有觉得越活越不快乐？有没有发生一些让你觉得有压力或者痛苦的事情？会不会有一种压力大到快要活不下去的感觉？会不会觉得活着好像没有什么意思，死掉了比较轻松？或者，在你和雨琮之间，你们越来越少把对方逗笑，也越来越少把对方弄哭？很多时候越休息心越不安，恨不能忙一些。”

听到这一连串问题，我感觉这里的味道和医院不一样。风先生的一连串问话让我想起 2003 年东都市“非典”流行的时候。有段时间单位放假不上班，我到楼下运动场去玩轮滑。世广站在一旁，大声喊：“慢一点，慢一点！”我在兴头上根本不理睬他，快要结束时 “嗖嗖嗖”地朝他冲过去，在他前面内八字急停。正当我扬扬得意要帅成功时，世广不紧不慢说了一句：“玩物丧志。”当时我简直被他气晕过去，真是太扫兴了！

不容多想，风先生继续说：“随着疾病降临，你有没有突然变得很感性？相信那时候很重要的体会，就是希望尽量陪在家人身边，希望对孩子有更多陪伴，希望尽量把握和雨琮在一起的时间。”

“生病之前不敢说，怕这怕那。跟雨琮说，怕她不高兴。跟单位领导说，你是什么人物，老去跟领导啰唆?！跟同事说，他们常常诧异地看着你，不理解你，还觉得你不正常，找谁去说啊？”世广说道。

“如果在发病之前开始做一些心态上的转变，不一定等发病才把压抑的东西释放出来。”风先生说。

“正如雨琮所述，到了东都市后欲望越来越大。看到别人开的车比自己的好，别人的房子比自己的大，别人的小孩念优质学校，心里渴望也能达到。雨琮知道我跟一些大姐关系很好，有时找她们诉说一下，感觉舒服一点。”世广说道。

“因为你闷在心里太久、太多了。大家都会定期去做身体按摩、SPA，却很少有机会找个安全环境做一次心灵 SPA，为时常揪着的心松松绑。常常是心中的委屈刚说出口，朋友就会劝你：不要这样想，多往宽处想，多感恩……众所周知，情绪是导致疾病的因素，情绪恰恰最多由身边人触发，生病后突然开始把压抑在心里一二十年的话说出来。

“人们生活越来越紧张，人和人之间的来往都比较理性，越来越难展现内在感性部分，越来越难碰触到内在情感。我希望你平时做两件事：一件是找到情绪出口；另一件是常常把心底的话、很感性的话或是生气、愤怒、不舒服的话，进行真实的沟通和表达。当初刚进企业觉得工作挺好，在东都生活后发现，在这样一个都市想比别人过得好，是很辛苦的一件事。生活越来越追求物质上的体现，可是内在情感却不见了。

“十多年下来你累了，心里开始隐约有个声音：‘我为什么把时间都给了别人——在外面把时间给朋友，回到家把时间给老婆孩子？’回想一下，有没有一个你，其实不想把所有的时间都给别人，想留一点时间给自己？哪怕是写写日记、发发呆，偶尔像小时候一样，一个人到处跑来跑去，不与任何人说话？这样不是说你不爱朋友和家人，而是有一个你渴望下班后能真正放松下来。这么多年来，你很少把时间给自己，你必须是大人、必须懂道理。这当中或多或少压抑了内在感性的自己。当你还在学校、还没有长大成人的时候，那时身上没有扛很多责任；长大之后，身上多了很多责任、义务和压力。”风先生说。

“是，身为主管的责任、身为兄长的责任、身为男人的责任……”世广说道。

“你里面那个只想跑来跑去到处玩、不想有任何责任的自己，真的就不见了吗？里面有没有一个你，不见得像你表现出来的这么负责任？”风先生问。

“有又能如何，还不是要夹着尾巴做人？”世广说。

“身体里面有一个自己其实并不想那么辛苦，不想承担任何责任，也不要别人对你有任何期望。随着年龄增长，那个你一直都在，所以我们身体里面有两个自己在斗争——一个像小孩一样不想负任何责任，一个作为大人必须负责任。人如果可以不长大，永远被大人呵护着做一个随性的孩子，每天只是开心地玩耍，顶多把功课念好，你有没有可能选择不长大？”风先生问。

“当然会，”世广脱口而出，“可惜不可能。”

“当你是一个成年人的时候，必须明理、懂事，勇敢地去面对竞争。可是我们的内在也许还很幼稚，没有人问你，你想要四十一岁吗，岁月一路小跑就把你拽到了四十一岁；没有人问你准备好当爸爸了吗，就当了；没人问你准备好赚钱养活自己了吗，年纪一到，周围一定有人告诉你不能靠爸爸、妈妈养活一辈子，你就要独立出远门去做事情了……当生命被推着走的时候，没有人问你，你就必须这样做，可是内在那个没长大的自己并没有跟上来，或多或少有些社会适应不良。

“肺腺癌凸显了你之前的辛苦、不快乐和没有活力。当你在外面打拼的时候，内心不想长大的部分一直陪着你。打拼过后，你想过尊重他吗？”风先生问。

“如果尊重他，我变成长不大的孩子怎么办？还怎么承担工作和家庭的责任？”世广问，“过去，我就是因为责任感强，才得到领导器重。”

“要你尊重他们，并没有让他们成为生命的主导！”风先生说。让我想起一件事。

“武洁两三岁时很容易生病，世广担心白天我一人带他去医院看病忙不过来，总是在凌晨两点把我叫醒，一起去医院。凌晨的儿童医院小病号稀稀落落，看病、打针，早上六点前就可以结束，世广刚好去上班。”我说道。

“看得出，世广无论是在工作中还是在生活中都是个受欢迎的人。”风先生说。

“因为他总是替别人考虑。”我说。

“人活在世上，很多时候需要替别人考虑，或是说一些应时应景的违心话，但你不能对自己隐瞒。来到这里，少讲平常表面的那个自己，多让身体里的自己说说话。不论多难的问题，只要你愿意面对，解决的可能性一定在。逃避仿佛好过一些，可那是暂时的。孩子读书读不来，就是读不来，你不要骗自己说他不专心，他是因为读不来才不专心；如果内心藏着一个不负责任的自己，没有关系，承认你内在有不想负责任的部分，不代表你整个人是一个不负责任的人。世广一直害怕承认内心不想负责任的部分，压制到最后，肺腺癌找上门来，其实在逼你面对这一部分。

“癌细胞是身体的一部分，所以它的繁殖是借用身体的能量，如果主人死了，癌细胞也将同归于尽。所以癌细胞的目的不是杀死主人，它是来帮助主人，替主人说出难于表达的心里话。透过癌症传递的讯息被听到后，就没有留下来的必要了。就像小偷溜进你家，如果顺利得手，偷到了他想要的东西，他会以最快的速度离开。不幸的是生病之前没有把这股能量导引出来，说不出口或是说出口会让大家不高兴的话，最后都用肺腺癌表达了。如果平常都能够把心里话说出来，何必还用肺腺癌作为代言人呢？

“过去可能会认为发生在你身上的事情和你是分开的，事情是事情，你是你，其实不是。发生在你身上的每一件事都代表你，而且是你吸引过来的。小到喝杯咖啡、大到买栋房子，你以为的好事、坏事、正面、负面、开心和痛苦，每一件事都是你要的。”

世广听到这里坐不住了，他不能任由风先生信马由缰。世广努力保持着一如既往的平静，说：“风先生，拜托你不要开这种玩笑！我千辛万苦看遍名医，你上下牙一碰竟然告诉我，每一件事都是我要的。肺腺癌怎么可能是我要来的?！我年纪轻轻，上有年迈的妈妈，下有年幼的儿子。全家供我一个人上学，我背负全家人的期望从老家闯荡到东都，连父母都没来得及好好报答，怎么能承认肺腺癌是我要的！”听到世广说话时有股压不住的怒气，我心里一阵紧张。

“不接受肺腺癌是你主动要的，是因为肺腺癌是在不知不觉中发生的，你确实不知道。现在，我们讲的是完全不一样的思维方式，颠覆你过去的逻辑思维和推理，这是你得先克服的心理难关。通常，我们都是先假设不知道，然后根据看到的、结合已经知道的去推理。其实，人类心灵还有另外一种能力，不需要思考可以直接知道答案，叫‘直觉性思考’。”风先生说。

“太太发现先生外遇，都是先感觉到，再去找证据的。”天香适时给出例子。

“对，直觉性思考就是先知道答案，再慢慢用理性堆凑证据。世广，直觉性地回答我：你究竟是被动地、不知为什么罹患肺腺癌，还是主动要得到肺腺癌?”风先生问。

如果说风先生的话是一颗炸弹，世广的话简直就是原子弹。世广说：“肺腺癌确诊的大约半年前，我心里不时会有一个声音：‘如果我现在生病了，会不会好一点?如果我现在得一场大病，会不会让我不再那么有压力?’确诊肺腺癌以后，果真解脱了很多。”

风先生挥挥手说：“先同意肺腺癌是你想要的。如果肺腺癌是没得选择，是因为你没吃有机饮食，或是因为环境污染害你罹患了癌症，那就意味着你是一个受害者，解决方法只能是改变食物、改善环境等。要是食物一两天改变不了、环境状况短期内难以改善，你是不是只能当一名受害者？换种思维，如果承认是你主动邀请肺腺癌的，情况就彻底发生了变化，你从被动受害者变成主动邀请者，意味着你能邀请癌症来，就能送癌症走。癌症治疗一方面依靠医生，更重要的在于你自己挽回力量。

“如果癌症从酝酿到确诊治疗算作一出完整的剧目，演员在其中只能按照剧本活动，策划人可以修改剧本。承认癌症是被自己邀请来的，等于承认自己是策划人身份，拿回了治疗的尚方宝剑。难点在于，承认只需一个点头，可是当世广还没有想通癌症为什么发生、接下来怎么走、要怎样应对时，怎么都承认不了。

“承认肺腺癌是你主动邀来的，那么你为什么要这样做？不承认肺腺癌是你主动邀的，搞不清为什么邀请癌症来，癌症便一直像鬼影一样跟着你，不知什么时候能被压下去、什么时候又冒出来。”

世广和我面面相觑——风先生的话听起来每句都对，整合起来让人有些反应不过来。初次见面，就在将信将疑又容不得质疑的矛盾中结束。

临行，天香对治疗之初要做的事情，强调说："身体的疗愈功能是以信心为基础的，你越信任身体，身体的自我疗愈功能发挥得就越好。癌症不过是以凶恶的外表隐藏着善意，它在帮助身体恢复到健康状态。关于癌症是自己邀来的，世广越早接受，就能越早挽回治疗的力量。

"癌症治疗初期，上面两个侧重点略有不同。信心需要世广和雨琮共同建立，让信心在心中日日新、又日新，不断强化；接受癌症是自己邀来的，这对世广相当有难度，大多数人都很难接受。咱们要实事求是，一是一、二是二，一起倒带回放，看看世广以前的工作生活中究竟发生了什么。"

第三章 癌症背后，是一系列被阻碍的行动

相爱容易相处难，

相互贴耳的“揭发”是真心托付。

无论癌症还是其他流行病来袭，

我们需要的是转机的逆袭，

我们需要力所能及的自救！

1

压抑和累积

自下逐客令

对于风先生让自己多说说平时不说的心里话，世广不知从哪儿说起。他挺挺背，想了半天，说：“我一直坚信，人心都是肉长的，人都是善良的。我为别人做了很多事，也有很多人帮助我，我相信人世间的爱和真诚。这是我作为一个农村孩子对外面世界还一片混沌的时候，就知道的。到一定阶段后，我发现不是人家帮我，而是有人在踹我。或者说，我要做事情的时候，可能跟别人的利益发生了冲突，所以他不可避免地要害我。

“以前听人说过，在金钱面前感情不值得一提，但没想到会出现在自己身边。我用十年时间跟郭总培养感情，我认为这种感情比黄金还宝贵。我本将心向明月，奈何明月照沟渠。原来我一直不愿意相信，现在我信了，往往是熟人害你更多。我很少讲这样的话，今天是发自内心的。”

“要不要多讲一下你心痛的部分？被出卖也好，或是良心被拿去喂狗也好。”风先生引导世广把心痛的部分说出来。

“1997 年我到人力资源部工作，郭总是我的顶头上司。有段时间领导出国，我就利用不太忙碌的这段时间去做痔疮手术。没想到手术后意外发生内出血，我躺在床上一直没有发现，从早上十点渗到下午五点，直到起身时因出血过多一下子晕过去，急救时进行了输血。

“输血后出现严重反应，当时从各种症状判定，可能是输血导致艾滋病感染。当时确诊的最后一个指标，需要送样本到日本去化验，三个月后出结果。接下来，我只好一边等结果，一边注射干扰素治疗，郭总把医疗费用都包了。当时在我心中，我的生命简直就是他给的，我把他奉为再生父亲。

“正是因为他对我恩深似海，导致后来我在上级部门工作时，只要有对郭总不利的丁点情况，我都想方设法帮他周旋；再后来，集团公司成立研究院，他邀请我一同去工作，我毅然决然跟他去了。当时我心里第一个念头是：他曾经有恩于我，当我能为他出力的时候，无论如何都要去帮助他。去之前，他许诺给我职务。我天真地信以为真，心想：这样既能提升职务，又能完成我满腔热情想辅佐郭总的愿望，为新成立的研究中心开疆辟土，于是一口答应了他的邀请。

“然而，当我急匆匆地从原单位转出关系后，突然接到通知说不让我去了，让我在家等消息。于是我就在家等，日盼夜盼，一个月、两个月、三个月，一等就是半年。

“半年过去还没有盼来让我去上班的消息。我没有办法，每天两个脸蛋都是麻木的，头也是昏沉的。尽管如此，还是壮着大脑袋来到研究院。院里没有我的位置，于是我就找一把破凳子、搬一张破桌子，擦干净，坐在那儿。

“刚开始大家搞不清楚这是什么情况，时间久了各种猜疑不绝于耳。有的当面说，有的背后议论。很多同事进来，以为我是新上任的领导，拿着文件对我说：‘严总，请签字。’纵然传遍了我是负责人，只要没有一纸任命书，我有几个脑袋敢签字？！见了同事，我不知道说什么，就这样一直闷着。后来以至于雨琮给我打电话，只要我没及时接，都担心我跳楼了。

“我心里翻来覆去地想，他怎么能害我呢？不会，他肯定不会害我，我不相信这是事实，可事实就摆在前面。在矛盾和纠结中，我彻夜睡不着觉。晚上，先陪雨琮一起休息，等她睡着了，我就爬起来。没多久，就得了癌症。

“得知患了肺腺癌后，郭总第一时间赶到医院看我。我还是怀着善良的心，希望能和他谈一谈心里话。当时刚刚确诊，李主任让我马上做第一轮化疗，时间定在周三。我从周一就盼着他来，他没来；周二一早又盼，盼了一天到晚上还是杳无音信。我气得肺简直要炸了，我对雨琮说：‘给他打电话，这辈子不再见他。’

“第三天上午化疗刚开始，他带着老婆和单位领导班子成员，乌压压挤满一屋子来看望我。他用这样的阵势表演给人看，他非常关心我；实际上，我让他来看我，想跟他说说心里话。病中的我，希望他来看望我，非但没有达成愿望，还被他当成关爱下属的秀场，我觉得自己完全被耍了。我看得懂说不出，只有在心里生气、悲愤，觉得自己好无能。唯一让我感到欣慰的是，尽管他搞这么大声势，雨琮却客客气气地把所有人都挡在病房门外，没让他们进来。”

风先生转头问我：“你给世广打电话，只要他没接就会担心，那段时间真是很难熬。你担心他跳楼吗？”

“那时确实担惊受怕，虽然冷静下来我知道世广不太可能跳楼，他内心火热，热爱生活，渴望生活越来越好，但是不排除他会通过各种各样的方法引起别人的关注。尤其是世广整夜睡不好觉，我担心他在恍惚中会做傻事。”我说道。

“你是说，世广希望自己的处境被看到、希望被帮助、希望情况被化解？”风先生说。

“对。当时世广一度要出家，我拦着他。我觉得让单位领导和同事知道了，人家说你有神经病，引来一堆口水，或许还不利于以后正常发展。我们很多时候都隐藏了真实想法，总在别人面前表露似乎很正常的样子。现在想想，当时如果真的出家了、远离纷扰，说不定不会累积成如此严重的癌症。”

说到这里，世广加了一句：“我总是怕被别人说我不正常，所以就竭尽全力掩盖，以为能掩盖。”

此时，风先生插进来说：“我们常常装作很正常的样子，掩盖内在不正常的部分，因为怕说出来别人会觉得我们不对或不正常。遇到事情下意识反应是问题不在自己的身上，常讲的修养也强调情绪不外露或没有情绪。其实不完全正确。情绪不外露是表现出来之后的样子，不是克制成没有情绪的样子。过去可能对情绪有很多误解，比如说，你生一个人的气，一般表示你不喜欢这个人；如果一个人哭泣和难过，一般表示他是一个懦弱的人；快乐、高兴是好的情绪，难过、生气是坏的情绪；情绪是不好的东西，千万不要跟随情绪，否则会被带走……

“世广想要用出家的方式，让别人知道自己的处境和状况。出家没成，很快被诊断出肺腺癌。世广是换种方法，用癌症告诉别人：‘你们看，我有多痛苦！你们都以为我好好的，其实不是，我内心已经痛苦得不想活下去了。’

“而这些事情在患上肺腺癌之前，竟然没有人愿意来体会你的心情或是了解你的感受，所以你用癌症的方式告诉他们。你没有办法用恰当的言语、行为来表达，只好用疾病来表达。好比你不会直接告诉朋友你比他有钱，可是如果出去玩，你会用你开的车来让他们知道。疾病背后都有一个非常冗长的故事，替你诉说不知道怎么说的东西。肺腺癌是世广向周围所有人申诉的方式。”

不说还好，一说就勾起世广的愤怒：“我还有一个难处就是跟他没法沟通。我明明说东，他就认为是西；我想跟他谈点问题，他就开始兜圈子，对我说‘你很好、你很优秀’诸如此类的。后来他再说任何一句话，我都不信了。当时他盛情邀请我来研究院，我诚心来帮助他共同开展一段新的工作，起码要有一纸公文明确任命。但他对我不说明、不解释，就这样放逐我。两年来，我不断约他、问他，发展到后来用言语刺激他、发短信激怒他，他都死猪不怕开水烫，就是不给我下文，我实在是没有办法了。有家有业、有妻有子，不逼到无路可走，我为何要出家?！我心中原本就抛不下他们。出家是我觉得自己已经没什么用，没啥奔头，不得已才走的一步。”

风先生点头说：“你看，前进与挫折中有多少无奈？无奈的最后就是用癌症放大招——我死给你们看！连出家都没用的时候，至少我还可以死吧?！什么手段都试了、都没用了，启动癌症、走向死亡成为你展示自己的最后方式。最起码死是我一个人的事，我没有害任何人，我自己还能决定！”风先生的思维很不一样，过去，我以为自己很了解世广，从没有思考过肺腺癌还有这么多潜台词。

世广接着说：“我并不想让矛盾激化，在这个过程中一直盼望着化解事端，找各种机会和他谈一谈，希望他有什么困难跟我说一声，或者我还能帮助他做什么。然而，就在发现肺腺癌前大概半年的时间，我突然醒悟，这一切根本不可能了！于是，开始反向做：凡是他叫我做任何事情我都不去；他安排我到上海开会，我不去；本来我在工作上严于律己，在我身上从来就没有‘迟到’这个词，现在他说上午九点开会，我十点才进会议室；有上级领导来单位检查工作，恰好是我以前的同事和同学，他要我陪同晚餐，我知道有他在我就不参加。

“我打算出家时，雨琮曾说‘小隐隐于野，大隐隐于市’，言外之意出家是小隐。我心里想，难道我只配‘小隐’吗？”

“我的意思是说，活在世上是更大的修行。”我在一旁说道。

世广接着说：“不行，我还有很多抱负。那时，我刻意让自己咬牙坚持走出来，不断安慰自己，条条大路通罗马，此路不通，大不了走另外一条路；也是从那时开始，我倍加珍惜身体，每天坚持跑步、游泳、健身。

“雨琮的话非常符合我的想法，因为我从小就立志奉献社会、造福大家。我对各路专家进行走访，分析研究院需要从哪方面着手建设。但当我把研究分析的想法说出后，后面发生的事情是，今天我说的话，明天通过别人传到他耳朵里完全变了味，弄得我们之间无法再有信任。

“没办法，我只好给自己下逐客令，如果工作还得不到落实就辞职，我相信自己到外面去找工作问题不大。”

“你之前忍那么久，为什么不辞职？”风先生问。

“在单位将近二十年时间，朋友关系多，舍不得、放不下。我始终心怀燕雀安知鸿鹄之志的抱负，立志报效国家。来到研究院后，希望得到施展和发挥。四十岁以后我变得很着急，因为理想与现实差得太远。如果能够通过努力，让理想与现实逐步靠近，我心甘情愿一点点去做。生病以前，我是一个什么不快乐都能忍受的人，范仲淹的‘先天下之忧而忧’，在我耳边挥之不去，在我这里没有什么忍受不了的事情。我不愿与人起冲突，更不想与领导起冲突。但是当我看到现实与理想越来越背道而驰，我却什么都做不了的时候，我发现自己和废人没有两样！

“生命中最大的痛苦莫过于理想在左、现实在右，理想与现实之间没有搭桥。你几乎不可能采取行动去接近理想，剩下的只有绝望。看着心中的理想渐行渐远，你拼命伸出手，用尽吃奶的力来，想够着理想。可是伸出手，只能看着目标和希望越来越远，眼睁睁看着生命的裂缝越来越大。什么时候理想变成如此沉重的包袱和痛苦？

“世广或许没有想过，人生是可以转弯的。未来不见得一定在工作上去实现理想抱负，原先那条路走不通，转为用你的善良和热情去帮助癌患，也许是新的人生方向。你可以帮助别人做情感交流，帮助癌症患者重新认识疾病，走出一条独特的康复之路。而且你以前做过人力资源、人事管理，管理到最后都是人心。你过去的一腔报国志稍微转个弯，最后会殊途同归。”风先生说道。

“风先生，拐个弯的做法很好，但根据我对世广的了解，他还是希望在工作中获得提升。”我替世广说道。

“雨琮了解我，我认为有职位是为了更好地做事，实现服务社会的愿望。如果说我有一点私心，那就是获得职位献给雨琮、荣耀的父母。对我本人而言，职位没什么，更多是一份责任。”世广接着说。

“既然如此，那你回去直接告诉郭总：我要报效国家，我还有一口气，我要死在岗位上，给我这个机会吧！郭总，你看什么地方需要有人去当坏人或是需要敢死队，反正我癌症必死，你派我去！我生为国家效力，死为企业忠魂。”风先生说。

“世广万一要是越干越健康呢？”天香冷不丁插一嘴，大家都笑出声来。

我发现我们已经好久都没轻松地笑了，便对风先生和天香说："这两三年世广工作不顺利，回家难免苦着脸。时间久了，我身上产生一个奇怪的现象——不知道舌头放在哪儿好。一般安静的时候把嘴闭上，感觉不到舌头的存在；最近一段时间安静的时候，舌头在嘴里不知道放哪儿。晚上睡觉的时候试图把舌头平着放，平不了，经常在嘴里面打个卷。"

"看得出雨琮的坐立难安！这两三年你们一直在累积负面能量，整个家的能量不对了！"

半晌，风先生转头对世广说："当你的人生前进的时候，变得越来越现实，太习惯从物质的角度来思考，太习惯于实事求是。不是说实事求是不好，而要有个'度'。世广本性善良，但现实是不管你多么善良，都得承认形势比人强。现实是不管你有多大的才能，都必须为五斗米折腰。没到郭总单位之前、你不是他下属的时候，或许你还可以和他对话；当你进了郭总的山头以后，现实就算逼你到死的地步，你都要生生地忍下去。

"现实甚至是，做每一件事情都会问，这件事情对我有什么好处。练瑜伽，很可能是因为别人说瑜伽可以让你健康，而不是因为你在练瑜伽的过程中感觉到一种满足；你可能朋友很多，可很多都是为了利害关系而交往，跟朋友去应酬是因为他能帮助你提拔。如果无助于现实利益，扪心自问你会不会跟这个人做朋友？”

“想跟他们做朋友都没有时间。”世广答道。

“持续跟这个人做朋友不是因为他值得尊敬，是因为他还有用得上的地方。慢慢地，灵魂完全向现实妥协，在每天的生活当中承受委屈，不得舒展。你可以搬张凳子坐着，但对灵魂而言那是莫大的屈辱。当一个灵魂在天地之间受的屈辱够多了，他就不想活了。因为这样活下去，灵魂必须压低姿态。你对现实越妥协，现实会越巨大、越牢不可摧、越没路可走。妥协越多，越把自己陷入绝境。”风先生的话让世广感觉有些不太一样。他理解世广，胜过世广对自己的理解，他甚至帮助世广理解他在当时的不得已。

世广正想着，风先生问：“回想一下，生活当中做决定时，你是趋向于让灵魂快乐，还是趋向于现实和实际？”

“几乎全部是现实取向！我的理想是服务大众。为了心中的理想，我非常想提升职位，因为高阶职位代表优质平台。如果我是一颗螺丝钉，只能在两个物体连接时起作用；如果职位提升了，就能借助高阶优质平台的力量，达到为公众服务的理想和抱负。”

“我支持你的梦想，高阶职位确实能够帮助你实现服务大众的梦想。

“世广是折断羽翼而在成人世界当中存活下来的人。人活着不只是为了适应现实，如果你全心全意只去适应现实，人生只是用来在现实当中苟活，你会活不下去，追求生命的理想依然在那儿蠢蠢欲动。在达到现实需求后，身体不是把你载向理想的实现，而是生命产生了断层，这也是很多癌症的起因——现实适应得很好，内心却没有真正的快乐。因此，你不能本末倒置。你越现实，失去的快乐越多。我也不是要你没有现实感，人毕竟要均衡发展。

“为了实现理想，你每天都在逼灵魂适应现实规则。灵魂来到人间，仰仗身体展开每天的生活；灵魂绝对不是来适应现实的，而是来打破现实的。你如果活不出灵魂的品质，不断妥协，它宁愿不活，这一点和你一检查出来就是Ⅳ期肺腺癌有绝对的关系。每个小孩都知道生命是光荣的，成人的那种光荣感不在了，每天都过得很卑微，成功了也辛苦，没成功更辛苦。当你对郭总不断妥协，想和他谈心交流都做不到，你们之间的结越拉越紧。当现实变成一堵厚厚的墙不断向你逼近时，最后灵魂失去飞翔的空间，翅膀就断掉了。”

“大家常说三十而立，我之前把力量放在别人身上就没有做到‘而立’。作为一个男人，我现在明白要把命运握在自己手上，自己决定去做什么事情。主要问题是理想太高，与现实差距太大，个人力量太小。”世广说道。

“世广一直在讲心中的使命感，理想很大没有不好。我们永远对现实有这样那样的不满，自己理想那么远大、力量又寄托在别人身上，那真是死路一条。有的人永远肯定自己的力量，有的人总是觉得我没有力量。如果因为被提升到某个职位才有力量，其实就是没有力量。如果没有力量，就算当领导人也是蹩脚虾，因为他在乎每个人的眼光。

“你当下在你人生的角色里面就是重要的，你当下做的工作或是你当下不做工作都是重要的。你不会因为有了工作而变得重要，或是因为生病没有工作而变得不重要。如果是因为生病没有工作而觉得自己不重要，那么我告诉你，当你有工作的时候，你也没有重要到哪里去。因为通过工作带来身份角色从而获得的权力是假的。力量跟你在什么职位无关，关键是你要拿回力量。如果你是一个有力量的人，就算在单位里是个小职员，一样能散发光芒。这个光芒跟你的角色、职位无关，你不因为职位小、地位低而放弃。认认真真把每一件小事做到最好，就是发光，别人知道你迟早不是池中物，因为当你在低职位的时候，已经在行动中展现出光芒了。”风先生说。

“原先刚进入企业的时候，我脚踏实地地去做事，关注完成的每一件工作；后来不知什么时候演变成好像更在乎职位有没有升上去。”世广说。

“你没有把力量牢牢握在自己手里，只在乎有没有被领导肯定。如果你能不管领导是否肯定，而把事情一件一件做到最好，最后你会不成功吗？”风先生反问。

世广听罢，说：“郭总动员我去研究院的时候，那份真诚让我无法抗拒。当然，如果我站得稳，任尔东西南北风也没用。是我先失去重心，才被忽悠。只是，只是……难道他看准我的弱点加以利用，就一点错都没有吗？他的良心不会痛吗？”

风先生说：“有人习惯性成为受害者，常常不自觉地把自己往受害者方向推。受害者就代表我是被误解的、我没有力量。千错万错都是别人的错，讲出这句话很爽，但不会爽太久。世广由爱生恨进而报复，理由是‘我的今天都是你造成的，我要你为我的悲惨负责’。这样看似逃避了问题，可是你一旦逃避，力量就一天天削减。没有人能够不面对痛苦就能解脱，没有人能够为你的痛苦负责，所以世广要做的就是如实面对。面对你的愤怒，问它是从哪儿来的，怎么来的。你能够穿越愤怒，未来它就再也不会难倒你；可是，如果逃避了，你一辈子都有个阴影，万一以后再碰到怎么办？如果你愿意把愤怒承担下来，全世界都会来帮助你；你的伤不可能借由别人的认错或是悔悟得到康复，只有被自己的成长疗愈。

“事情人家都已经做了，你还在问郭总是否有错！对方不是没有责任，但他没杀人、没放火、没违反法律。我不否认你说郭总是个‘忽悠家’，他在他的框架内充满圆融，他本来就是你要学习的对象，讨厌他是因为你不具备他的特质。你觉得郭总讲话夸张，那是对比于你太不敢表达，他就演出给你看。当你吸收了他的特质，你就会不再是滥好人。

“如果一个法官没有当律师的经验，他永远不能了解对方的立场；律师没有警察的经验，永远不知道警察的辛苦；警察没有小偷的经验，永远不了解小偷的世界是什么。体验‘钱’，不能只从有钱来体验，要从有钱、没钱、钱多到花不完和一分钱掰八瓣来体验。体验爱情，如果谈过一次恋爱就结婚、白头偕老，还不够丰富，要从失恋、离婚、劈腿、被劈腿来体验。体验友情，如果两人一辈子都是好朋友，你帮我我帮你，体验不到友情，要从‘旧时王谢堂前燕’的盛时中体会，也要从人走茶凉和背叛中体验。把郭总的特质变成你的特质，或者直接变成他，瓦解你们之间的纠葛。”

2

一心解恨

夜深人静，我独自一人一遍遍地问：为什么我被憋成癌症，他们都活得好好的？！徘徊在理性的边缘，我决定报复。于是，每天傍晚五六点，我和护士打招呼说出去散步，她们叮嘱我时间不要太久；我模范地遵守她们的叮嘱，一段时间过后，护士小姐姐都对我很放心，经过护士站时点点头就出来了。

我脱下宽大的病号服，把胸水引流袋固定在紧身内衣中，外面裹上大衣来到桥上，一言不发站在那里。回顾着过往，内心不禁产生一种难以抑制的愤怒和冲动。

我不甘于人生就这样陨灭，而造成我生命悲剧的人却还活得好好的。我曾经是老师眼里品学兼优的好学生，父母眼里骄傲的儿子，在花样年龄得了肺腺癌，叫天天不灵、叫地地不应，而造成我今天这样的人全都在人世间活着。想到几个月后的一天，我将这样不明不白地枉死，顿时五内俱焚，肝胆肠胃加上咚咚乱撞的心脏，全都绞在一起。一时间恨不能冲出去砍人，一时间又恨不得自己马上暴毙倒地，一了百了。我眨眨眼睛，发现自己还活着，立刻又抓狂到想把整个世界撕成碎片。这时，我才体会到绝望的深渊有多恐怖。

我忍不住幻想，如果此刻手中有一根棍，甚至感觉仿佛那根棍就在我手里，沉甸甸、冷冰冰的。我心里琢磨，是近距离袭击郭总的要害部位，还是只朝他屁股一棍子下去，把他打伤？问题提出后，脑子里一闪马上就有了答案：肝癌、肺癌，哪个都够要命，而我是肺部的原发肿瘤扩散到肝。我没必要只把他打伤，自己却落个罪犯的名声，太不值得了。郭总害我至此地步，他也别想活。

想好以后，心头怒火平静了很多。

“下一步，我哪怕磕头下跪、磨破膝盖，都要把郭总约到医院来。只要完成对他的报复，我会很快结束自己的生命。”

“约来了吗？”风先生关切地问。

“此生自从遇见雨琮，共同生活了十几年时间，我在她面前什么都藏不住。我不愿意跟雨琮说工作上的不开心，不想让她担心。在别人面前，我很容易做到应变自如，唯独在雨琮面前我就像被施了魔法一样，没有抵抗力，什么全都抖搂出来。”

“你就那么听雨琮的话？”风先生问。

“雨琮当时只说了一句话：‘不想让儿子有个坏爸爸。’内心的善良和我对雨琮的情又一次盖过了心中的愤懑。

“后来，我给郭总发短信，告诉他我日子不多，请他来医院说说心里话是我的愿望，希望他尽快来。他当时在东都市，但是回短信说不行。看了他的短信我很气愤，又发一次告诉他，我以将死之身求他，后面就是石沉大海。我不顾一切拔掉身上的插管，然后将手上输液的针头拽下来，任凭鲜血一下喷出来，这样的场景只是把雨琮吓得手忙脚乱，那些害我的人依旧逍遥！折腾来、折腾去，我更加气愤无助。

“于是，我抄起电话，拨通郭总号码，对着电话那头的他破口大骂：‘你这个吃人不吐骨头的斯文败类！戏精！邀我去你那里工作的时候，恨不能求我赶紧去帮你做这做那；突然间改主意不要我去的时候，连招呼都不打一声……’”

风先生说：“不断把自己卑微化，觉得都是自己不好，还不能对别人有不满和批评的言论，会导致很强的攻击性。世广，冲动鲁莽不是你的行事风格，狗急了跳墙，你是实在咽不下这口气，才做这等损人不利己的傻事。”

“那我有想死的念头怎么办？”世广问。

“盯着这个念头，去探索为什么会求死。不探索为什么求死，无法真正活下去。尽管你悲愤到快要气绝身亡，但还是要告诉你：所有看起来的苦难只是表象，生命的本质是喜悦。不管过去的经验，不管所有的你看起来如何，‘生命是喜悦’这句话都不能推翻。生命因为喜悦而存在，强调人生是苦只会制造更多苦。出生是喜悦、死亡是喜悦，连围绕在你身边的空气都是喜悦……生命本质是喜悦。完成理想中的每一件事情本应该是喜悦，却把自己搞到满心悲伤，然后再花精力去处理悲伤和病痛。我们要随时提醒自己‘生命本质是喜悦，苦就是走错了’，像世广对郭总充满恨的状态就是走错了。如果生命本质是苦，你就无法离苦得乐。你问如何能脱离痛苦，代表你还相信生命的本质是乐，苦只是暂时迷失。你恨郭总恨得很苦是暂时迷失，生病很苦也是暂时迷失。”

“是的，我相信生命是喜悦，可现实生活还是搞得苦不堪言。”世广说。

“因为你对郭总的期待强烈，才恨得强烈。爱到深处无缘由，恨到深处长肿瘤。你为什么对郭总那么恨？心中对郭总充满爱与期待，期待他认可你，给你更高的职位，让你得以施展才华，感觉活在天地之间很美妙；当你看到他推三阻四不兑现承诺、置你于尴尬境地的时候，心中锦鲤一般的美妙感不见了。

“你恨郭总恨到肿瘤在身上四处扩散，他的生活不会因此受到任何影响。你对他的恨一点都影响不了他的生活，只能捆绑你自己，所以你恨不了任何人，只能恨自己心中没有爱的感觉。你没有真正恨郭总，只是讨厌自己失去那份美好的感觉。恨不发生在郭总身上，而发生在你内心。你或许从来没有认清这一点，总以为是郭总让你受伤。”

听完风先生一番话，我觉得他对世广的分析入木三分。在世广彻夜失眠、我陪着他的时候，世广说过：“我知道恨没有用，恨得自己遍体鳞伤，别人依旧一切如常。问题在于，明知恨没有用，恨却总是从心底涌出。”对于这样的矛盾，我能做的只是陪着他、听他说，我给不了世广很好的建议。而且世广每每说起有关恨的话题，都会越说越恨。以致后来，我都避免让世广说此生气的话题。风先生把“别人的做法让我生气”的想法，巧妙地转变成“恨是与自己心中爱的感觉分离”，其目的是让世广朝着挽回自己力量的方向努力。

世广说：“以前长辈都说，恨是不对的，不应该恨，应该宽以待人。”

“你当然不应该恨、不应该愤怒，现在是你做不到！如果恨是不对的，就会拒绝恨，但又拒绝不掉，你已经恨到让自己得癌症的地步！

“当你心中对郭总有恨的时候，不能只告诉自己‘恨是不对的、恨是不应该的’，而要看恨是从哪一份期待来的。没有期待哪来恨？没有要求哪来失落？风先生懂你，报复绝非你的本意，攻击是求助。这种求助耳朵听不到，耳朵只能听到你骂他‘吃人不吐骨头’；用心听才能明白，原来你在喊‘救命啊，我不想恨，但我身处其中走不出来，我快死在恨里面了’！与其以攻击别人去求助，不如去向郭总表达你的真实想法。恨背后，是你浓烈的期待。”

“你原谅或不原谅郭总，和郭总没有一点关系，原谅他是释放你自己。肺腺癌就是逼你自我面对。以前对众人没法讲自我面对，只好说阎罗王有个本子记录你这一辈子所做的好事和坏事，大家都听得明白。为了死后不下地狱见阎罗王，人们就会平时多反省，其实就是自我面对。很多疾病都和精神上的懒惰有关，懒惰不是说你不工作、不做家事，而是你允许内心杂乱无章却不肯面对和整理，遇到困难马上逃避，遇到内心冲突假装没有。每天花点时间面对自己，觉察内心到底是个什么样的。”风先生说。

“我内心的真实想法就是，我是被他害死的！”世广说。

“这是你的真话，你还可以再进一步，说出真心话。真话是，我是被你害死的；真心话是，当年我疑似感染艾滋病的时候，我多感激你呀！我爹爹在农村，我把所有对爹爹的孝心放在你身上，希望得到你的肯定，希望在你那里感觉到你也很在乎我。我希望得到你的提拔，希望能跟你像父子一样，甚至比父子还亲。”风先生说。

“没错，这是我的心里话。可我没明白，真话和真心话有什么不同？”世广问。

“真心话的意思是，我过去很多都是在讲气话，甚至故意气你，可是郭总你放心，我不会做任何伤害你的事。气你是因为我希望你看到我，就像孩子吵闹是在向大人讨爱一样。真话虽真却让人夺门而出，真心话是袒露自己，放下防备，卸下武装，让对方一听心就软下来。猫和主人在一起时，猫躺在主人面前，把肚皮露给主人。肚子是猫身上最柔软的部位，猫为什么这样？因为它信任主人。同样地，你把真实感受说出来后，不怕郭总笑话你，也不怕丢脸，卸下防卫去信任对方。

“世广，你本性善良，要试着把你真实的善意传递出去。你原先顶多知道说真话，现在我要你和雨琮都提升到说真心话的层次，因为真心话是把心中最大的善意拿出来。

“会采取激烈的暴力行为的人，内心是我连命也不要了，我跟你豁出去了。以前我们老是以为拳头越大越有力量，其实真正有力量的人内心和平。如果一个‘眼神杀’就能把别人吓得屁滚尿流，为什么要动手？想要报复和攻击是无奈、绝望、愤怒和受伤野兽的行为。”

宣泄 方法

有理性地失控

“无论你对郭总是生气、沮丧还是讨厌，当愤怒的时候，马上想到过去他对你好的地方。郭总的做法让你很生气，恰巧他对你的照顾和支持最多；你想要把他整倒，又觉得不应该。每次想到他多坏，补偿性的想法是‘其实他对我也挺好’。一旦起了‘他对我也挺好’的念头，下一想法就是算了吧、还是不要生气吧！就这样把愤怒压下去，放进了小猪存怒罐。

“长期不表达、什么都算了吧，时间一长会进入一种解离状态。情绪是情绪，你是你，自己看自己就像在看一个‘别人’一样，好像我不再是我。常常让你最生气的人是你最亲近的人，让你最恨的人是你最爱的人，这样的关系最难处理。

“大多数情况，身体对压抑下去的情绪有办法化解。当身体负荷过大、无法化解的时候，就可能形成癌症。因此，不能愤怒到一半，本来气得要命，马上以‘他对我很好’来把气消掉，世广最喜欢玩这些把戏。一定要把允许情绪发泄出来，而不是没有发泄出来就压回去。

“如果你对郭总有愤怒，要把他在你最无助的时候，有恩于你的事情暂时放在一边；让自己半年来没有工作，搬张凳子落魄地坐在那里的愤怒和委屈发泄出来。得了肺腺癌，说明你没本事真正把愤怒化解掉。既然没本事化解掉，就老老实实让愤怒流淌出来。你嘴上说不恨，实际上要走很多恨的过程才能不恨。

“我们小时候受的教育都是心怀感恩。现在我让你的愤怒发泄出来，不代表你不感恩，愤怒可以与感恩共存。心怀感恩没有错，但真正的感恩是你把心中的恨发泄出来。大多数时候没让愤怒发泄出来，有一点端倪就压回去。

“永远笑的人，即使人家得罪你，你脸上还是挂着高兴、不高兴都有的那一抹微笑，你的麻烦就大了。因为周围的人不知道你什么时候高兴、什么时候不高兴。当你觉得周围的人得寸进尺，不是别人的问题，而是你自己造成的。不要以为修行好就是脸上挂着微笑，那叫面具。你有你的尺度，你什么时候开心、什么时候累了，你要透过表情、音调、音量让周围的人知道，别人才知道他侵犯到你的界限了，要不人家怎么知道？因为每个人的界限不一样，有人靠近一寸就紧张，有人勾肩搭背也 OK。你要随时随地让身边的人知道你真实的情绪。当然不是每天叫你对人家发火，是针对以前你的 yes or no 人家都不知道，现在要人家知道；别人摸清你的规则了，你就是个好相处的人。

“世广，我觉得你有时候是个乞求和谐、避免冲突的滥好人。你把个性里面烫的、冰的、火爆的、温柔的、想骂娘的、想打人的……所有部分直接正负相加，得出来永远是温和、和平、easy-going。这样不对！事情一定要分开处理，让愤怒走完愤怒的过程，再去由衷地感恩。你要先承认自己潜在的坏脾气部分，再回到其实你也是很好相处的状态。这样才会身心安顿；否则稀里糊涂一片，避免冲突最后演变成避免真实交流。”风先生说道。

“过去想要原谅他，不应该再留着这段痛苦的过去，可我一直放不下。”世广说了自己的难处。

风先生马上怼道：“那你就再抓得紧一点；你一面抓一面放，当然还是放不下！

“情绪也是能量，能量一旦产生，就不会消失。如果你没有让它完结，就会累积、扭曲乃至变形。现在就是要一件一件、一码一码地疏通。不然，你的脸上会越来越没有表情，既无风雨也无晴，既无强烈的爱也无强烈的恨。”

“外面酸碱中和，风平浪静，全在身体里烂掉了！我压制内心的波澜，把一派和平景象送给别人；最后我死去，伤害全部给了雨琮、武洁，还有年迈的妈妈。妈妈到现在还不知道我得了肺腺癌。”说着，世广嘤嘤抽泣起来。

看着世广伤心，我知道他的苦衷，于是说道：“世广之所以把委屈都闷在心里，是因为有后顾之忧。他知道对郭总发泄了情绪以后会招致的后果。与其到时收拾烂摊子，不如忍受下来。”

风先生听罢，重重扔下一句：“世广当然可以忍受，但忍受的结果是金玉其外、败絮其中！要不要把情绪发泄出来，自己决定！”

天香在一旁接过话头说：“雨琮和风先生讲的是两件事，风先生强调情绪一定要疏通，雨琮关心的是疏通方法。”

“发泄情绪当然要考虑后果，但这不是压抑情绪的理由。情绪疏通有多种多样的方式，情绪发泄不一定非得针对当事人，可以找合适的朋友说，也可以找天香。”风先生语气缓和地说道。

“怨人就是地狱无门非往里面钻。他不对，你再恨他、怨他，是拿别人的不对惩罚自己。道理几乎人人都懂，但这个心劲不好掰！我们都是自觉不自觉地去埋怨别人，性格火暴一点的直接动手，文雅一点的闷在心里祸害自己。我知道世广心里非常想呼唤一个可以帮助自己疏通情绪的人，这个人要足够安全、稳妥、包容、专业。当学生准备好了，老师就会出现。风先生和我都愿意陪伴你，由内而外把心劲顺过来。”天香总是适时给风先生打圆场。

“世广，发泄愤怒的时候对事不对人。我们要处理和面对的是你的愤怒，而不是把愤怒丢到他身上，拿枪把他扫射到开花。当你把自己的愤怒处理好以后，再见到这个人的时候，才能有力量。拳击、写日记、对着海浪大哭……都行，重点是情绪疏散了、不再郁结了，各种灵活的办法会重新显现出来，那时才回到真实的沟通。

“我们跟这个世界互动，并没有听世界在说什么，只在找自己那个想法的证据，然后会用找到的证据告诉自己：‘不是我这样想，客观明明就是这样。’其实是心里有了认知，然后去外面的世界找证据。回到家摸摸电脑还是热的，虽然已经关机，心里猜想一定是进门前一秒钟孩子才把电脑关掉了，刚才一定是在打网络游戏。你怎么就不想他是刚结束了网络课程呢？还有郭总不兑现诺言，个中原因你并不知道，你就认为他是戏精。常常都是我们心里有了认知，才在外面的世界找证据。光是这个理解，就要世广去自我面对和反思，问问自己——我是真的在听人家说话，还是心中早就有判断？当你今天心情很不爽的时候，一定会找某一个人、某一件事、某一个倒霉的家伙让你发脾气，他就等在那边让你痛扁他。”

“沟通不是讲道理，也不是互相交换信息，也不是日常作息几点起床、几点睡觉，喜欢糖醋排骨还是豉汁排骨，真正的沟通是要去抓对方的感觉。世广未来一个很大的突破，就是听别人讲话的时候，要开始想：‘我是在单纯听每一个字吗？我是在做评判和分别吗？我抓到他说话的感觉没有？’验证方法很简单，你就问对方：‘在你说话的时候，我了解到你的意思没有？’问这句话慢慢你就知道了。

“我们都有一种体会，有些朋友好像我话刚开头，他就知道我要说什么，甚至眉毛一挑，他就知道我要干什么。可是有的人你跟他解释十遍，他还是听不懂。他不去体会你的含意，只想抓住你的话。好比夫妻两人吵架，先生对太太说：‘你要是这么钻牛角尖，不如去死。’太太抓住先生的话把，就会说‘你叫我死，我跟你拼了’；先生说‘我是说如果你这样做不如去死，不是叫你死的意思’，太太说‘你明明叫我死掉’。很多沟通，你不会想去还原对方内心真正的意思，你会按照抓住的意思去钻牛角尖，盯着对方不放。我的角色就是帮大家还原内心真实的本质。

“世广，你和郭总之间，扭曲到你已经根本没有办法去理解他的本意，可能他本意是好的，可是话讲出来就被扭曲到他是一个作奸犯科罪大恶极的人。同样，你一说话，他就担心你又有什么要为难他的。如果不是癌症，你或许不会有机会坐下来反思到如此深度。癌症不是来要命的，癌症的善意在于逼我们自我面对，引导我们回到内心的感受。唯有回到真实，才能重回美好的世界。自我面对以后，你改了，癌症使命达成，它就走了。

“现在很多疾病叫文明病，像世广从农村到了都市，有了身份、有了地位，慢慢忽略了内在感性的力量。可是，人的内在有一股很强大的力量，跟着感受走、不讲道理。

“我们长大成人，必须讲道理。如果一个人情绪性地宣泄，别人很容易说他不理性、发疯了。所以当我们有一些不满、怪罪别人甚至骂人的想法时，都被理性包裹住了。情绪没有出口，就产生混乱，在身体里形成一撮不乖的癌细胞。工作中必须彬彬有礼，尽量不流露过多个人感情色彩。”

“是，我经常告诫自己‘喜怒不形于色’。”世广说。

“你用表面的身份、用应该‘明是非、讲道理’把情绪统统盖住，强行忽略体内感性的力量。感性无处可去，只好变成肉团长到肺上。感性的力量是‘郭总，我活不下去了啦，你再不给我一个位置，我跳楼给你看’！”

“我怎么可能说出这种话！我可丢不起这人！”世广说道。

“错！你就是要满地撒泼打滚，哭着闹着说：郭总，我不要尊严啦，你给我一个位置，我抱你的大腿啦！郭总，我跪下啦，我活不下去，我今天什么道理都不跟你讲，我就是要。我要、我要、我要，就像小孩要糖吃一样；郭总，你不给我，我当场死在你面前。死之前，你无论如何都要给我位置，我不管啦，要不这样死多没面子！哪怕干一天我也要，不然我死不瞑目。只要我还活着一口气，我就要死在岗位上，身死为国殇，你给我这个机会吧！大胆告诉他，肺腺癌 IV 期还能活三到六个月。你给我职务，反正我活不久，等我死掉位置腾出来，让大家看到你郭总重信又守义，将来会有更多新的世广追随你！”

世广听到这里，不由得说道：“样子虽然像泼皮，但总比我一个人闷在办公室好多了。”

“对啊，你渴望得到想要的位置，实现报国之志，又不敢全力去表达，不表达你怎么知道会有什么结果？去做吧！”风先生鼓励世广。

“我一般都是有九成把握才会去说。”世广说。

“一成你就应该说。”

“我从来不打没把握的仗。”

“因为你对自己的认可度不够。一百个人开会会有一百个意见，每个人角度都不一样。你不能假设你的观点一定对，更不是你说什么，全体鼓掌通过。表达不一定是对的才说，说出来才知道对错。九成把握是你脑子里的主观臆断，你不去做，永远不会成功，做了最糟糕不过是众人笑笑。

“我们都害怕自己被别人当作疯子，心里常常会说：‘我怎么可以讲这种不理性、没水平的话？我怎么可以无理取闹？我怎么可以这样宣泄情绪？’过去都曾经是小孩子，童言童语，讲话不看场面，那个自己跑到哪里去了？

“大自然的规律是‘春有百花秋有月，夏有凉风冬有雪’，但不代表永远如此，大自然的本质是无常。人类的本质来自大自然，因此不能一直活在理性结构的制度里。生活越跟大自然脱节，大自然的力量就会越强；越理性、礼貌的社会，越容易发生让人哭笑不得的低级错误。每人内心里都有一只怪兽，渴望摧毁都市丛林、摧毁井井有条的生活，梦想大自然野兽般的力量，把我们从每天上班下班、规律的生活中解放出来。这股非理性的力量犹如地震、飓风、泥石流一般，一举摧毁人类文明，然后理性的力量再去建设。身体内部理性和非理性的力量，均衡就是正常的新陈代谢，不均衡就淤积成肺腺癌。

“以前你不敢做越矩的事，不敢让自己冲动，不敢有非理性的举动，都是有意识地让自己不失控；现在你要有意识地让自己失控。不要误会，我绝对不是要你去当疯子，而是在一定的理性之下，让情绪发泄出来。有理性的失控，又不是彻底完全失控，两股力量都要照顾到。”

2

从真话到真心话

“我有过被城里女生甩的尴尬，也经历过在人力资源部工作，去大学挑选毕业生时，毕业后想留在东都市的女生主动投怀送抱。其中一个女生，交往的时候我说‘我是农村孩子，愿意坦诚跟你交往’；她告诉我很多伟人都是农民的儿子。我当时觉得这个女孩真大度，结果没过多久等她毕业报到、办理完东都市的户口，我很快就看见她拉着其他男生的手；原来她是利用我当跳板留在东都。她只是其中一个，后来我发现很多女生，一看我是农村孩子都不再继续，直到后来遇到雨琮。

“雨琮说看中了我的才，便不需再看其他。我从此收心，这辈子就是雨琮了。由于跟雨琮单位的领导关系熟络，我没跟雨琮说，就把雨琮单位的结婚介绍信给开出来了。当时这件事我很强势，也导致结婚后千方百计弥补，对雨琮简直是捧在手里怕掉、含在嘴里怕化，心甘情愿、无怨无悔。我很在乎她的感受，总想去讨好她，让她开心。但事实上，她没有得到开心，甚至是不开心。”

风先生问：“雨琮，你对理想和现实有什么不满吗？”

我不像世广那样有远大理想和抱负，脑子里只有些矛盾，就说道：“武洁半夜哭闹醒来，我还在努力撑开眼皮的时候，世广已经翻身抱起孩子。世广知道他不起来，就得我起来，他宁愿自己起来给宝宝冲奶粉，也愿意让我多睡一会儿。我虽然不用起来了，可我并不开心，因为晚上本来就应该我起来照顾小孩，他起来干什么？我顶多不就是慢一点吗？”

天香在一旁笑出声来。风先生对天香说：“这真是人比人气死人，多少人拼命想要先生在身边帮忙却不得，雨琮却弃之如敝屣。”

“我不是不想要世广帮忙，而是我觉得他的精力应该留着第二天去工作。”我说道。

“好吧，还是多说一下你们之间情感的交流和互动，尤其是世广一直抑郁不得志，心里很多苦，甚至有时候会喝酒发泄。”风先生说。

世广看看我，我看看他，然后世广开口说：“我从小生活在村子里，看过很多家庭吵架。我不想和雨琮起争执，所以无论对错这一步我都先让过去，因为我有很多别的事要做。家是雨琮的，男人的家在外面，我只想协助她。我很在意雨琮的感受，只要能让她开心，家里洒满阳光，我浑身毛孔都舒展；她要是不开心，全家乌云密布。”

“世广，停一下。在你心目中，家是属于女人的，男人在外面。当你工作上遇到挫折时，你没有把你存在的价值建立在家上，所以当你在外面遇到挫折和痛苦的时候，两边都没了！你内心有一个自己，渴望把价值建立在家上，否则你不会半夜起床帮雨琮一起带儿子去看病。你和雨琮的观念一致，都认为男人应在外面，男人应该搞好事业，家留给女人。你想把家当自己的家，可是这违背你们两人的价值观。你希望自己在家里展示重要性，可是又让你感到身为男人的失落。古人讲‘修身、齐家、治国、平天下’，如果你把‘修身、齐家’归给雨琮，‘治国、平天下’又不顺利，你没有退路。你们之间表面非常恩爱，底下有潜在冲突。”

我听得倒抽一口凉气，世广在外面已经很辛苦，我一直以为自己顾大体识大局，回家让他多休息，没想过他的内心也有一份渴望，他的价值在家里也有一份。

“我特别希望在外面工作回家，雨琮把家里和孩子照顾好。我回家经常看到雨琮很累，所以我要去看看家里地擦干净没有，哪些地方我能帮忙。我对家非常用心，尽管我没有把它当作我的家。”世广说道。

“你内心多么眷恋这个家！你内心希望家能够由你控制，但你被架空了。你内心有一个弱小的声音一直在呼喊：我渴望回家，把家里弄得干干净净！你心里想把雨琮的事情抢过来做，对不对？”风先生问。

世广抓耳挠腮，半天才说：“对，不过不是抢。我们俩吵架就像我卖掉怀表为她买梳子，她剪掉长发为我买表链一样。”

“听起来好像你们都为对方着想，事实究竟如何，我希望去了解你们的内心世界。你们两个之间太小心谨慎了！为什么你累了想躺下休息，还要去看地擦干净没有，背后的动机是什么？”

世广心里有点不太高兴，说：“这有什么动机？很简单，我做了，雨琮就可以少做。”

风先生听了，盯着世广说：“你对雨琮百依百顺，其实你内心是希望她也这样对你，你背后有讨好的心思。”

风先生的话，一下子插到我心窝里，我说：“他就是讨好，还不承认。”

“世广，如果你的出发点是讨好的话，好心不得好报。”风先生说。

世广悻悻地回道：“你说对了，好心就是不得好报。”

风先生转过来问我：“他是怎么讨好的？”

“他什么都讨好我，我觉得不真实、没必要。世广喝酒后，我希望他回家赶快睡觉，可他一定要到处看看家里有什么事情要做。家里能有什么大不了的，非要他喝完酒帮我做？！根本不需要。”

“我喜欢老顽童周伯通，对生活就像游戏一样，干吗那么认真，干吗那么放不下！我们两个人聊天时，我有感而发地说：‘我在外面打打杀杀，在家里放纵一点，你把我当小孩嘛，我躺在你怀里。’话一出口又觉得不对，我是男人，雨琮应该靠在我的肩膀上，躺在我安全的港湾里面才对。我有时候确实想要被爱护。”世广说道。

“讲讲你那时的心情，好不好？”风先生说。

“那种心情一下子让我离开现实，回到空旷的田野上和小朋友们一起快乐地飞奔，无忧无虑。我的童年在山里跑来跑去，在水里抓虾抓鱼，骑牛过水库，到山上摘果子吃，品尝甘甜的泉水，感觉很幸福。在我内心世界，像周伯通一样洒脱地生活是长久以来理想的人生方式。可是心中总有一个声音——‘温柔乡是英雄冢’，我担心丢掉豪情壮志迷失方向，没有进取心就只剩下一副皮囊。”

“世广一方面渴望家人或朋友对自己表达一份爱，一方面对自己很失望。想得到爱没有错，对自己失望才导致生病。世广内心的声音经常是：我有什么资格要求？我有什么资格表达？渴望得到又觉得自己不够好、不配得到，对自己失望至极。体现在关系上，是把自己的意见压下去，往往顺从别人。渴望得到爱又对自己失望，压抑自己还要去迎合和讨好别人，心中太多自相矛盾。

“世广工作中有很多压抑，像一头受伤的野兽，回到家希望被呵护，可是你不允许自己是这个样子。你没有要求自己得到保护，而是像一条哈巴狗一样乞求：‘你看到我了吗？我在这里哦，你要不要来安慰我一下啊？你看我做了这么多，赶快来摸一下我的头吧！’说不出口的乞求碰上满心期待的雨琮，你做得越多，越让雨琮觉得‘你干吗做这些没用的？你干吗讨好我’！你从来没有直接对雨琮说：‘我受伤了，帮我倒一杯茶；我受伤了，好难过，抱抱我；我今天又被拒绝了，安慰我一下。’你想要得到的不直接说，去做了雨琮不想要的事情，两相加起来则是双重受伤。”

“我尽量少说不愉快的事，总想带给雨琮一些快乐。”世广说。

“费孝通先生讲：‘我们大家是熟人，打个招呼就是了，还用得着多说吗？’——这一类的话已经成了现代社会的阻碍。现代社会是个陌生人组成的社会，各人不知道各人的底细，所以你得讲个明白；还要怕口说无凭，画个押，签个字。这样才有了法律效力。在乡土社会中法律是无从产生的。‘这不是见外了吗？乡土社会里从熟悉得到信任。’[①]现代社会每个人要的都不一样，有的欠骂、有的欠打、有的欠夸奖，你不说没有人知道你要什么，更不要奢望你爱对方，对方就知道。

“世广从来没有为自己正面提出过需求，只是不断透过行为希望换回一些安慰。绕一个弯去做，得到的是倒打一耙。你们表面沟通得很好、彼此理解，可是你从来没有得到直接的支持和呵护，这就是你想找那些大姐谈的原因。你渴望雨琮像母鸡一样展开翅膀呵护你，让你回来可以哭着说我在外面被欺负了。可你回来绝对不讲，一派大男人作风。表面上是大男人，骨子里小男生！”

“我说过，也得到过，但是比较少。风先生，我们两个感情基础非常好。”世广赶忙解释。

“我知道你们两个很好，”风先生看看世广，说，“你内心好像藏着很多恐惧。你害怕雨琮生气，怕她不要你。尤其当你在外面能力没有发挥出来的时候，你担心雨琮看不起你，担心在她眼中你是一个失败的男人。所以，不管怎样你都要搬张凳子坐在

---

① 费孝通：《乡土中国》，作家出版社，2019 年版。

那边，这当中包含一种有家归不得的无奈。不是雨琮不让你回去，是你以什么心情回去。

“人在死亡那一刻，不会觉得这辈子赚钱很重要，更不会觉得工作成就很重要。人在天堂钱在银行时，重要的是身边那些爱你、关心你和在乎你的人。你对报复的后果了然于心，这不是冲动行为。既然如此，为何后来雨琮还能轻而易举地把你说服呢？你好像把雨琮敬为天人。我很好奇，世广对雨琮有没有什么不满、抱怨？我不是分化你们夫妻感情，因为往往大事都好办，小事最伤感情。有没有想过逃离婚姻？”

“三年前想过，”世广轻声说，“我在外面无论多辛苦，到家都想让雨琮轻松一点。后来发现，我干多少她都不需要，我就不知道怎么办了。我觉得自己真没用，做不到点子上，那就算了吧，想过分手。我为自己找了一个理由，说‘家是不讲道理的地方’，雨琮说什么都是对的。我嘴上认错很快，什么都是我的错，做的时候该怎么做还怎么做。”

“我不要你认错。你看似认错，根本就没有实质内容，认错有什么意义？”我一直这样对世广说。

“对。问题永远在，只是没被发现，你那个认错是拒绝更深的沟通。刚开始好像很有用，后来让你们两个距离越来越远，你没有碰触雨琮的心。她觉得你是形式主义，根本不是真心。”风先生说。

“后来我对世广说：‘你对我好有什么用？我希望你告诉我实话！’”

“既然这样没用、那样也没用，我后来没招，干脆出家算了。”世广说。

“世广老在我面前改变，变成一切都按我的意思办，我不喜欢他这样做。我连自己对不对都不知道，他什么都听我的，我紧张。我想找一个能够依靠的人，他什么都听我的，我到底是嫁给他还是娶了他？”我说起来有点生气。

世广说：“第一次带雨琮回江州老家，妈妈在家里提前准备了很久。雨琮进门后，还是被家里的景象雷到了，站在原地背着双肩包，久久没有放下。”

“完全不是他说的那个样子！”我们平时在家不吵架，不知为何在风先生和天香面前，竟然一言不合互相“揭发”起来，“公公、婆婆家的房子，正面堂屋朝南，左右两边是侧屋。从堂屋进去，北墙上挂着的巨幅毛主席身披军大衣招手画像迎面而来。我当时背着包站在那里，心里打鼓，不知接下来的几天怎么做才好。仔细端详这座老房子，除了大梁用木头，其余全部用竹子建造。白天站在屋里，抬头可见从竹缝中间透进来的阳光；夜晚睡觉，能听见老鼠在房梁上吱吱吱蹿来蹿去的声音，偶尔早上睡醒会发现床上有几粒老鼠屎。后来，听说婆婆在我们来之前，提前把割来的稻草洗净晒好，晒得暖烘烘的铺到床上，上面再铺自家种的棉花弹的垫子。婆婆总说乡野草垫不值钱，事实是睡在上面又软乎又暖和，比城市里的乳胶床垫舒服百倍。我被这对老夫妇的纯朴善良感动得泪流满面，心中更是充满了敬意。他们在近乎接近露天的环境中，养活了一家十几口人，还培养出优秀的儿子，千里迢迢出去上大学。

"我深知一个妻子在家中的重要性，嫁给世广后心甘情愿为他创造一切条件，希望他安心工作而不需要操心家中生计。我相信自己的才学能让世广放心地把孩子交由我管束，也相信自己对公公、婆婆的孝顺能让世广不需要操心家中老人的一应事宜。可是世广一朝被蛇咬十年怕井绳，他一直在用以前那些女生的眼光衡量我，担心我像她们一样看到这样的家境后会弃他而去。他总说我是委屈得流泪，任凭我怎么解释他也不相信我会喜欢上这个穷乡僻壤。回老家之前世广告诉我家在'江州市'，没说是'江州市湖畔县丰华村半山腰的竹屋'，因此等我们到达竹屋时已经是生米煮成熟饭。为此，我没少揶揄世广——与其说你家在江州，不如说在地球，那样更千真万确！从那以后，我心里一直有梗，一直觉得世广是在骗我。"

听到这儿，风先生打断了我，说："任何人都要有离开伴侣的能力。雨琮想让自己有能力离开，留下是一种主动选择。到达竹屋生米煮成熟饭相当于你已经不能离开了，你的留下是不得已。选择留下来没有那么痛苦，不得不留下来就会有发不完的牢骚。

“对世广来说，让雨琮失望是一个过程，你一定要经历这个过程。现在你宁愿让她失望，也要彻底袒露。袒露后，你不再害怕雨琮失望，不再担心达不到雨琮对你的期望，也不用再害怕雨琮说你骗她！话说回来，你到底骗了没有？没办法，就是骗了！可是说骗也没有骗，因为人有很多个自己。你就是要告诉雨琮——是的，我承认我骗了你；我不只是骗你，也骗了自己。后来发现骗你容易骗自己难，我是骗不了自己才生病的。”

“他怎么骗自己了？”我诧异。

“他骗你之前，当然得先骗过自己。要装得强大，其实他没那么强大。”

“不强大有不强大的活法，既然没那么强大，为什么要装得强大呢？两个人既然在一起，就要把最真实、最不好的情况说出来。我不在乎情况有多差，我想知道真实情况，我愿意与世广同甘共苦、共同想办法。”我说道。

“雨琮，这是你的逻辑！你这样等于说：‘白天看食物容易，蝙蝠为什么不白天出来觅食？’我们要从他的逻辑、他的成长背景去看他的思维方式，不能用你的逻辑去套他。他一个农村出来的孩子，能不掩饰吗？能不装得很坚强吗？”

“他不真实。”我振振有词。

“是不真实，普天之下谁又真实了？”风先生问我。

半晌，风先生说：“白天不懂夜的黑。不是每个人都有本钱说大实话，雨琮能很大方地说‘我感觉被骗了’，这样的话世广就说不出口。雨琮一直希望世广是你心目中的样子。你爱你希望他的样子，并没爱世广原本的样子。我这样说希望你不要太难过，爱别人某种程度上是一种自私的行为。当你爱你的先生、妻子、小孩，你真正爱的不见得是对方，而是喜欢进入‘给出爱’的状态。在‘给出爱’的状态中，你会觉得自己充满能量和喜悦。前面说过，恨是你与自己心中爱的感觉分离；这里的爱对方，是你喜欢自己充满喜悦能量的那种感觉。

“爱不是条件，难能可贵的是世广不符合你的期待，你还爱他。这里面没有谁是受害者，你对世广的期许，是他自己愿意接纳的。世广内在灵魂蠢蠢欲动，他就想看看能爬多高，宁愿摔死也要挑战。灵魂有伟大的好奇心和了不起的胃口，你们两人刚好一个给一个接。”风先生说。

“这么多年雨琮老觉得我骗她，我就不断努力去证明我没有骗她。于是我在工作中百倍努力，人家不干的我全干，并且我还自嘲，多干可以多锻炼自己、丰富人生。离开人力资源部的时候，我的工作交给四个人接管，意味着过去我一个人干四个人的工作。就算我骗她，已经骗了十多年，也是真的了。”世广辩解道。

天香笑眯眯地看着我们各执一词，说：“我们都是一厢情愿地承认自己想承认的部分，不想承认的通常是自认为不够光彩照人的地方。无论真话还是假话，世广就是为了把雨琮娶到手，处心积虑终于把雨琮娶到手，避重就轻没有错，略而不述也是对的。亲密关系最影响情绪，对此，雨琮心中的误解一直没有得到有效的沟通。”

“也许正是雨琮形成很大的压力，身为她的先生，你不能不全力以赴，否则你会被她看不起，你会觉得辜负她。因为你爱雨琮，所以不希望雨琮觉得被骗。换个说法，正因为你爱雨琮，所以就是骗了也没有关系，爱她你才骗她。不爱她，你骗她干吗？你就是一定要把雨琮骗到手！

“还记得我要你们都提升到说真心话的层次吗？雨琮不知道舌头放哪里，是她不知道她要跟你说什么。她有很多话想跟你说，很多真心话可能她都还没有说。她的真话是，到你们家看到阳光射进来的竹屋，看到堂屋墙面供着佛龛和画像，她不想进这个家，她被你骗了；雨琮的真心话是，不管怎样我都嫁给你了，虽然我不喜欢睡醒后干净的床上出现老鼠屎，但是既然结为夫妻，我必定努力适应。”

听了风先生这番话，眼泪没经我允许直接流出来。横在我和世广之间十几年间都没有说出的话，被素昧平生的风先生讲述得恰如其分。以前我和世广在一起常常说起“骗”与“被骗”的往事，每当这时世广总是一方面扬扬得意自己顺利得手，一方面又百口莫辩。“骗”与“被骗”的公案，因为风先生，让我比任何时候都清楚地看到世广“骗”背后的苦心。

风先生继续说：“前面和世广讨论过，要处理和面对自己的愤怒，而不是把愤怒丢到别人身上。雨琮同样要记得，你的不平衡要自己处理，最笨的是不断跟伴侣抱怨。你总是抱怨，人家以后还想靠近你吗？用脚指头想想都知道，经常让对方感觉他是对的，还是经常让对方感觉他是错的，人家愿意靠近你？”

“当然是第一个。”我说。

“毫无疑问，我让你觉得你很棒，你肯定喜欢靠近我。可是我们常常借指责对方达到让他认错，笨死了！人家是错的，为什么不离开你？！然后你又哭着说：‘我没有要你离开我，只是要你认错。’世间法去对付别人，高阶版是面对自己。”

“世广，你想证明给雨琮看，她没有嫁错人的时候，说明你内心在抗争：我怎么能让你觉得嫁错了人呢？就算你嫁得不对，我也得把它变成对的，所以我不能是我自己，我必须让雨琮觉得她嫁对了。雨琮是你最在乎的人，你不能接受你在她眼中不够好，你不能容许雨琮觉得你不好。如果她觉得你不好，就好像你真的不好一样，所以你凡事不跟她起争执。

“雨琮一直说你骗她的时候，那不是她的真心话。雨琮没有嫌弃你家境不好，相反她对贫穷家境中能培养出优秀的孩子心生敬佩，但雨琮还要学习讲出真心话，不能开口就说你骗我。世广想找一个人依附，雨琮想找一个人依靠，场面你们两个人共同搭起来。如果夫妻之间相互支持，力量相加可能有几倍之多，问题是你们搭的是不是真戏棚。”

“现在，家里最重要的是雨琮。她经常默默忍受，把情绪压得滴水不漏。看到我的病情，检查结果不好，雨琮不能哭。她要尽量让自己正常，这个家需要支柱，武洁不能天天看着一个捂着肩膀的爸爸和一个哭哭啼啼的妈妈。她在竭力坚强，她要是倒下，家就塌了。”世广幽幽地说。

“世广，要不要先讲讲你想哭的心情？自己生病，雨琮不能垮，那是一种悲从中来的凄凉。”风先生说。

“我很在意他们，未来我离世了，留下他们孤儿寡母，我心里有很多不舍。内心满满全是对不住他们，但我不想说。说出来有何用呢？我明白，雨琮心里也明白。”世广黯然伤神。

“过去雨琮一直把希望和力量寄托于世广身上，我们希望世广能够痊愈，当然也有一种可能性是世广会离开。不管哪种可能性，雨琮都要找到自己的力量。这大概是雨琮以前没想过的，没想过世广要依赖你，没想到有一天你要撑起这个家。”风先生说道。

世广的话让我不知如何是好。“之前确实没想过，对我很突然。假设这样的事情不是发生在我身上，而是发生在朋友身上，我听说以后根本承受不了；但发生在我身上，我必须变成无敌金刚。”

1

重新　整合

权力是最好的春药吗

“如果世广在工作上发挥出色，雨琮觉得这样好有意义；如果世广回到家把地板打扫干净，雨琮会说，‘这不是你应该做的，你的意义不在此。’你们两人都用什么有意义、什么没有意义来做区分。”

说着，风先生把身子转过来对着我，停顿了一会儿，说：“在夫妻互动中，雨琮要反思：有没有一个心态是世广做得再多，你都视而不见的？成就不足够大的男人再怎么付出，太太都不容易看到。如果街上一个衣衫褴褛的人冲你抛媚眼，你会瞪他；换成一个大咖冲你抛媚眼，或许会终生难忘。权力是最好的春药，不成功的男人怎么会有魅力？

“你的转变对世广非常重要，你的价值观不转变他很难转变。世广看起来很有主见，表面上再怎么英武，内在是顺着你的。他表面说可以，实际很难做到，因为他太爱你、太在乎你。世广走不出仕途的价值观，你不变他不敢变。他跟你在一起大多是责任，如果你的价值观还是要往职位的路上走，他死都愿意。世广怕他表现真正的自己，你不接受。世广对官场冷暖看得多，也许早就厌恶了；可是娶了雨琮，他必须专注于仕途，但那不是他从内心想要的。”

“风先生，是我想要的。我身为男人，先天下之忧而忧是我的责任。”世广辩解。

“你曾经被说服过那是你要的，如今风先生强调的是‘从内心’。打从内心那不见得是你要的。癌症往往反映出你和最亲密的人之间的关系，对你来说，官场是伤皮瘀青，雨琮才令你伤筋动骨，所以肺腺癌的真正原因不在郭总，在夫妻内在的深层关系。”

“倒是有一点，决定的时候，虽然是我做，但我的确要先看看雨琮的心情，她的心情是指示灯。”世广说道。

“世广的观念已经开始改变。过去他向往山里抓虾摸鱼的生活，可是因为爱你，你们两人形成一个命运共同体。你们共同的优点是对生命充满热情与好奇。如果互相没有爱，没必要把你的想法告诉对方；如果没有好奇心，也不会把心中的疑惑说出来。

难能可贵的是，你们彼此深爱又有分歧，这才促成了共同探索。

“世广最痛苦的不是生病后，而是生病前。他不愿意跟那些人鬼混，表面上含含糊糊答应你，背地里根本不知道他干什么。你永远不知道谁真谁假，那是一种恐慌。照过去那个弄法，人家在酒里下药世广都不知道。价值观里没有矛盾的人不生病，产生矛盾才生病。生病几个月来，世广开始慢慢抗拒以前的价值观。他已经不再等着被人家眷顾，不再等着领导来摸摸头。”

风先生问我：“雨琮，这些你感受到了吗？世广某部分是为你赴死，他宁愿死在你们共同的价值观里，也不愿背负背叛的罪名。而且他做得比你还像——你让他不要职位都不行，他必须要，因为他知道你心里想要，所以他还是会说他要。他会说是为自己，可那不是最主要的出发点。他最根本的还是为了你，不是为他。从一开始你们的结合，就是为了共同的价值观。他内心很重要的部分是荣耀你，为了跟你的关系，为了帮你争一口气。我这样说，你怎么想？”

“过去我们一条道跑到黑，想都没想过价值观要变，甚至连自己的价值观是什么都没有好好想过。上学、工作、成家立业就这样推着往前走。世广做了很多西医和中医治疗，压根儿没想到价值观转变会对治疗有帮助。道理其实很简单，现在世广病了，情况变化观念当然要相应变化。如果不改变，显然原先的路已经没法往下走了，但问题在于我们过去从没想过换一种别的生活方式，这么多年来脚踏实地地努力工作只为争取更高的职位。既定的目标一时间不存在了，好像做什么都没有意义，早上起床都不知道如何迎接新的一天。现在要我们放弃这曾经被视为唯一出路的价值观，整个人都空掉了。”我说道。

“雨琮的优点是坦诚，能栩栩如生地讲出挣扎。如果雨琮没有发现自己不愿意改变，就轻易答应改变，我会很担心。雨琮的纠结并不是为维护自己找理由，说出内心的纠结反而是真正想改变的前奏。所以我不会摧毁雨琮不想改变的念头，反而会说，雨琮不想放弃旧的观念，有你的道理和理由。

“人都是透过自己的观念体验这个世界的，好比你戴墨镜出去看到世界是黑色的，戴着红色墨镜出去看到每样东西都变成红色的。所以你所体验的快乐也好、痛苦也好，都是经由你的观念获得。很多人以为自己活在客观世界里，其实不是，每个人都活在主观观念里。尽管世广的病情让你们不得不改，但那样会动摇原来的信仰基础。雨琮害怕贸然相信错了怎么办。如果安全感足够的话，完全可以先试试看，又不是杀人砍头，又没有人强迫你。且行且走，试了以后不好可以随时回到原先的观念。此时雨琮像一个近乡情怯的游子，离家越近心情越不平静。

“价值观转变的过程，是生命中最痛苦的阶段。过去一度以为重要的、倾全部生命力追求的一下子都破掉了。尽管过去的观念已经不适用，可它毕竟熟悉，雨琮怕把它丢掉没有新的支撑怎么办。害怕是你以为可能会发生什么，可是‘以为发生’和‘真的发生’完全是两码事。事情没有发生就开始担心，担心又不面对，相当于一直挥拳打一个没有出现在面前的假想敌。等敌人真出现时，已经消耗掉很多能量，没有力气了。

“非洲草原上，狮子靠近并迅猛追赶羚羊。羚羊跑得快，狮子没有追到。羚羊跑远后，继续低头吃草。羚羊是“白痴”吗？五秒钟前狮子追它，现在才离开不到两百米它就低头吃草，我们觉得羚羊还应该在害怕中才对。如果我是那只羚羊，或许跑两百千米还要回头看，狮子有没有在我身上安装追踪器？狮子和同伴一定有联络，会不会通知同伴？想，全是问题；唯有去做，才是出路。而且去做，比成功重要。

“带一个三岁小孩子过马路时我会跟他说，马路很危险，要有大人牵着才能过马路；如果小孩从三岁到三十岁价值观仍没变，三十岁了还认为没有人牵手不能过马路，显然不合时宜。价值观坚定的人容易成功，可是也常常遇到瓶颈。因为他心无旁骛、不转弯。遇到前面道路堵车，有的人一门心思安静排队等候，有的人看到堵车二话不说绕到其他路去。

“眼下，雨琮的纠结在于，明明昨天还没有过完，时间就霸道地把你带到今天。身体来到了今天，可昨天的价值观还在起作用。价值观是一个你必须随时随地回去看看需不需要调整的东西。一个观念被长时间坚持而不自我检查，差不多等于内裤天天穿着已经很脏了，自己却不觉得，以为是习惯，想都不想就直接忽略。如果一辈子都活在恒定的习惯里，干脆当机器人好了，还当人干吗？好的状态是，维持一部分过去的惯性，同时对不合适的进行调整。不断接受新观念和打破旧习惯，就是常说的新陈代谢。通常人过中年以后，新陈代谢速度变慢，很大程度是惯性越来越强。根据牛顿力学定律，除非施加外力，否则速度和方向不会改变。肺腺癌就是正常生活轨道上的外力，让你们改变惯性。

“变了之后面临很多未知，不知道会变成什么样子，不知道做得好不好，不知道会不会被人家笑话，不知道会不会达到标准，等等。现在去掉你们的共同价值观，雨琮不知道怎么办，世广也不知道怎么办，因此世广会向往周伯通。向往是什么？向往是我认可，但做不到；我认可，但无能为力。

“当旧的状态没法改变，又没有找到新的落脚点时，人最焦虑了。要不就是死抱着过去的观念不变，要不就是担心自己未来能不能活下去，或是能不能很快找到下一个目标。当我们不自觉这样想的时候，已经掉入陷阱了！因为这样的想法只是想找一个东西取代原来的东西，越急着想找到越容易犯错误。好比失恋后，找下一个男人只是为了让自己有个男人而已，这样的做法换汤不换药。此时最好的办法是安下心来静静体会，甚至就留在这个状态里，不急着脱离。”

“那现实问题怎么办呢？”世广问。

“现实问题着急也没有用。这时候你越让自己安顿下来、越不急，速度会越快。观念变了以后，新的观念会带来很多新的思路，走的路多了，淤积的能量就疏通了。肺腺癌是在逼你们两人放下旧的价值观，找到新的生活方向。在新的方向上心情舒畅了，搞不好职位反而越来越高。可是你必须先放下原来升职的想法而无所求。”

“我理解价值观就是一种想法，可以这样想，也可以那样想，这样或那样的想法就是价值观。既然价值观只是一个想法，那当然要选择一个能让自己顺利往前走的！”我说。

“雨琮终于明白了！”风先生打趣道，“价值观就是种瓜时搭的藤架，藤架搭得高，瓜秧爬得高；藤架搭得宽，瓜秧爬得就宽。秋天结完果实，藤架还可以拆掉。价值观是你每个时刻做决定时的参考标准。如果你原来的价值观是‘我不能说错话’，你就会小心翼翼；如果换一个观念，‘我就是要说，说错了也没关系’，那你就会依照新的价值观去做，大不了做错了就学习和改变。观念一变，就有了很多新方法，人生就改变了。”

这时，世广清了一下嗓子，说：“我有个问题。我们原来的价值观都是期望自己努力奋斗达成一个目标，比如说，想提升职位或者成为某个领域的专业人士之类。价值观改变是不是原先的目标达不到之后就降低标准？”

我赞同世广的话，补充说：“价值观变来变去，好像在给达不到目标找借口。”

对于这样的问题，风先生早就习以为常，说：“世广现在马上宕机、死掉，难道就不降低标准了吗？世广过去以升职作为主要价值观没有错，但价值观只是一个帮助瓜秧攀爬的藤架，更直白讲就是工具。是工具就可以换，你不可能手里拿着螺丝刀，掏耳朵时还是不换。价值观作为工具是让你拿来用的，不是让你痛苦的。当你成为一名肺腺癌患者的时候，还执着于职位耿耿于怀，和拿着螺丝刀掏耳朵有什么区别？

“世广不断释放出来的讯息还是很想要职位，那叫强弩之末。他内心真实的声音是，好了也不想回去。可是，承认不想回去会辜负雨琮，颠覆过去所有他的豪言壮语，他怎么下这个台阶？”

“我还是想实现我的抱负，还是想回去。”世广很坚定。

“我不意外，那是某一个你，你必须以这副样子向雨琮交代。”

“他现在不用对我交代，我已经转变了。”我说。

“一定要交代，那是人的习性。”风先生话跟得紧。

“我掌握方法有力量了，回去能够东山再起。当下最主要的是留得青山在不怕没柴烧。通过这段时间休息、养病，对未来做好了铺垫。”

世广话音刚落，风先生秒回世广：“你少来！你对于回去能不能东山再起一点把握都没有，回去你还会再败。你一直没有好好面对自己，这是你一直没有好起来的原因。凭你的实力万万不能回去，你根本斗不过那些人，你心里清楚得很。

“人有很多个自己，你内在有一个自己很胆小。你给人的印象好像是一只斗犬，啥都不怕，其实你怕死了，根本就是一只丧家之犬。你没办法在雨琮面前承认‘我不行，我斗不过那些老奸巨猾的家伙；我病好了也不想回去，我怕面对不了’。当没有完成你们两个心照不宣的共同期望时，你自己都觉得骗了雨琮。因此你担心此话一出，更让雨琮觉得你骗她。

“你的肺腺癌要好起来，出路在于破釜沉舟告诉自己，我死都不回去，好了也不回去，或许有一天你才能有机会回去。打定主意不回去，最终回去的概率比较高；一直想回去，回去的概率几乎为零。很多时候都是放下你所追求的以后，蓦然回首反而不期而遇，在街角一个拐弯处突然撞到它。世广，命是你的，不是我的，我一直搭台阶让你下。你是要顺着台阶，和雨琮谋划适合你们的新生活，还是直接跳下来粉身碎骨，由你决定。”

世广听了这些，不再说话；我坐不住了，气冲冲地对风先生说：“你不就是逼我主动对世广说：‘那地方回去干吗，我不让你回去？”

“你刚才可是一直说，你不想改变的！现在不是我逼你说，是你为什么要这样决定？”风先生轻飘飘地说。

“因为我爱他，宁愿他活着。”此话一出，无论是被癌症从天上拍到地下，还是其间无药可施的焦灼，一幕幕都在这一刻涌到我眼前，泪水顿作倾盆雨。

半天，我才听见风先生在说话：“雨琮这句话就是世广要听的。不肯定你足够爱他的时候，他不敢下这个台阶；你说出这句话，他终于长长出了一口气。过去他可能曾经暗示过你，现在你终于明明白白告诉他了。”

2

去行动

“我过去读书、考学、努力工作都是为了获取更高职位，现在要我放弃，感觉前半辈子白活了。”世广说。

“世广和雨琮所有的房子、车子都不要了，想象两个人在街头开心地卖大饼，本金百十元钱，不用担心资金周转。这样行不行？”风先生说完，世广摇摇头。

风先生见状，说：“问题就在于不行，痛苦都是自己跟自己过不去，上得去下不来。不行就一定不发生吗？可能还是会发生。脑子活泛一点，接受卖大饼就是新的价值观。别忘了，价值观是工具，新的价值观是你面对癌症的新工具。当然，我说卖大饼的时候，不是说把你们已有的东西都扔掉逼你们现在去卖大饼，关键是你们心态上觉得这个东西行。当下你连去卖大饼都能心安理得地接受了，别的还有什么过不去？”

“行！”我斩钉截铁。

“哦？为什么？”风先生问。

“因为爱……”我忍着眼泪，“只要能让世广的癌症好起来，干什么都行！”

风先生接着说：“接受卖大饼的生活，不是放弃生活，是让心情回到开心自在。价值观只是一个工具，一念让你上天堂，一念让你下地狱。只要你的心是快乐满足的，就不是困守其中。古人说名利于我如浮云，有时候是很酸的一句话，因为你没有所以名利对你如浮云。当你拥有了很高的名利，名利依旧于你如浮云，那才了不起！

“每人都有‘外面的自己’和‘里面的自己’，两个不一样。‘外面的自己’负责日常工作生活，里面的自己接近于内心和灵魂。内心和灵魂不负责应付外面世界，有时候灵魂甚至让我们在外部世界一无所有，以便推倒重来建设新的。灵魂不在乎输，在乎成长；灵魂不怕失去，灵魂渴望生命的挑战。灵魂总在寻求经验的超越，常常想我失去会怎样。

“相比而言，‘外面的自己’害怕失去，常常算计：我想过周伯通那样的人生，但那样的人生没有用。如果我像周伯通那样自由自在，失去工作将来生活怎么办？对此，灵魂颇为洒脱，灵魂觉得根本没有问题，不走这条路还有很多条别的路，只是你不相信自己。灵魂知道自己永远不会毁灭、不会匮乏，也永远不担心安全这件事，只有‘外面的自己’才需要加持安全感，灵魂只想要一件事——追求生命品质。

“如果世广总认为自己有病，就要过养病的生活。蚕宝宝越养越大，养病也会越养越大。当下就以一个康复的身份去活，当你开始这样做的时候，灵魂和内心我会帮你想办法疗复身体。过去你们这个家的重心大部分都放在世广的工作上，现在这块没有了，你们的生活主体在哪里？”风先生问。

“重新找到生活重心，找到生病后适合我的工作，是眼下最现实的事情。”世广回答。

“回归生活，透过在生活中认识你的特色，延伸兴趣和专长，然后把你的专长与社会上一份有价值的工作关联起来，这才是真正的工作。”风先生说得有点拗口。

“我过去完全不是这样。过去全部以工作为重心，生活根本不重要。我心里想，为了工作我即使不快乐也没关系。”世广说。

“他还经常告诫我不要太快乐。”我说。

“快乐太肤浅了，过于满足现实，没什么成就。”世广补充道。

“当你健康的时候是为了工作而牺牲掉生活，等你存了足够多的钱，再用钱来养老或养病，那不是生活。你一定要找到你的意义。我不会给你一个意义，你必须自己去找。生命到底为了什么而存在？实际的生活内容又是什么？

“对动物来说，生活本身就是衣食无缺。如果你给蜜蜂一桶蜂蜜，告诉它一桶十千克的蜂蜜，足够你活一辈子，以后不要去采蜜了。蜜蜂马上傻眼，它会说‘采蜜是我的生活，我这样生活，顺便有蜜吃’。后来蜜蜂发明了蜂蜜罐头，外出打工并建立销售网，每月的薪酬是一小瓶蜂蜜，每月从瓶中舀一汤匙出来做养老金。”

“我们小时候，墙上标语写的都是‘先生产再生活’之类的呀！”我记得很清楚。

“没错，每个阶段都有每个阶段的任务，眼下要调整。”风先生说。

“蜜蜂天天去采蜜，总有刮风下雨不方便的时候。为什么蜜蜂天天去采蜜是生活，做成罐头就不是生活？到底什么才是生活？”我还是不解。

“雨琮说蜜蜂采蜜不方便的时候，还是没有进入生活的本质。以生活为主体，在生活当中认识你是谁，因生活发挥你的谋生才能，因生活延伸带给你衣食无缺的生命方式。蜜蜂穿梭在花朵之间，它不是在采蜜，是在跟阳光嬉戏、跟风儿玩耍，它从中体会到乐趣，那是生命的本来面目。我们觉得蜜蜂是为了采蜜才飞到花朵上去的，不对，它沉浸在大自然的五彩缤纷中，采蜜只是顺便而已。生存是唯一不需要考虑的，生活中有你需要的一切。世广太沉浸在农村孩子进城的身份里，为了生存而牺牲生活；生存其实不难，好好生活才需要学习。

"寒冷的冬天，吃到一碗热气腾腾的馄饨幸福感倍增；大餐最后那一小口甜点也代表了生命的甜蜜。快乐的人不会杀人放火，但有学问而不快乐的人有可能。原因很简单，老子今天很快乐，用不着报复杀人。世广生病前，工作生活中大部分都是应该的，明明不快乐，却回不了头，生活中充斥的几乎全是应该做的事：应该把书念好，应该把房间打理干净，应该帮忙照顾弟妹，应该考出好成绩，毕业后应该有一份好工作，应该努力工作，买房买车。你一辈子都在完成应该做的事。可是在应该做的事底下时常会有一个潜伏的自己在说：'我不快乐，这不是我要的人生。'

"日常生活中太多应该的琐事，占据了我们的精力和时间，应付不完，到最后你不知道你活着干什么。应该的事情很难让你有一种活得发光发热的感觉，让人有种发挥不出生命的能量难以尽兴的感觉。做了很多应该的事情之后，闲下来的时候，只想休息、大把花钱。你越做任何你应该做的事，越过着你不喜欢的人生，就越把你挣到的钱花在乱七八糟的地方。网购到剁手时会暂时得到满足；等钱花到不够用，再回去做你应该做的事，不断交替进行。

“应该做的事情里只有责任义务的痛苦和压力，因为那不是发自本心，是为了给老师父母做交代，不是为了自己。总之生命被分成两块：外遇很想要，家庭很应该；快乐的事情不应该，应该的事情不想做。在迷失中你想找回正常的路，很难。循着本心找回快乐，基本就可以回到生命最初的轨道。

“对肺腺癌的认识，不能只停留在知道。每束小小的亮光，必须慢慢扩大，要不然很快就随着日常生活熄灭。一旦熄灭，又回到以前的迷惘和惯性。要紧紧抓住内心激起的契机，采取有力量的行动，是治疗的最关键环节。理想再远大，如果每天可以像蜗牛一样一点点地进步，一点点地实践，生命就完全不一样。关键是踏出那一步，哪怕是一小步，只要向着理想前进一点点，生命就有了火光。人都要采取行动，证明自己有力量、有价值、能够为这个世界尽一份心力，纵使是小到上街去吃东西自带碗筷，你都觉得你是在为地球尽一份力，就会很高兴。

“想去干新的工作，可是踏不出去，在那儿空着急，能量堵塞由此开始。不见得马上就要有巨大的变动，有时候外在没有变，心态改变也是一种改变。眼下先用三个月到半年时间恢复健康。之后，总结一套化解而不是打击癌细胞的方法，去鼓励和帮助其他病友。我要你去感受一种不一样的价值，你不再只是去追求外在价值，回头看里面的价值，重新被生活带领。”

“生活都是一地鸡毛。”世广说了一句。

3

四两拨千斤

世广的话有所指。看着风先生和天香疑惑的表情，我对世广说：“你少说一点，学费的事我讲给他们听，没讲到的你再补充。”世广点点头。

“2010年春节，东都市到江州还没有高铁，去江州的火车票一票难求。老家那边，公公和婆婆进了腊月门就开始忙活，婆婆准备腊肉、腌鱼和糜豆腐；公公烧旺柴火，熬好麦芽糖，把花生和黑芝麻一股脑儿倒进滚开的糖浆中。晾凉后切成小块，脆香可口，孩子们别提多喜欢了！

“世广在东都好不容易托人买到三张火车票，我们终于在大年二十九启程。到家不一会儿，堂屋就聚拢了一屋子乡亲。里圈是族长、老师、亲戚们，和世广围坐在炭火盆前烤火；外圈的人们互相敬烟攀谈。婆婆赶忙从里屋拿出用红漆盒子装着的芝麻糖招待大家。这当中，自然少不了今年谁在外面挣了钱、明年谁要娶媳妇一类的事情，话题很快扯到世年大女儿雪迪的学费上面。

“炭火盆旁人多，世广爹爹起身要单独和我谈。世广爹爹一直认为，当年世广上大学是全家供出来的，如今雪迪考上大学，世广应该承担她四年的学费和生活费。我没有和世广商量过，不知道如何跟世广爹爹说，就走开了。这一走不要紧，世广爹爹喊起来：‘哎，雨琮，你为什么走啊？不愿意听我说话吗？不要看不起我们乡下人啊！’听着身后世广爹爹操着浓重江州口音的喊声，我差点昏倒在地。十几年来给家里修房子、买电器，帮村子修路，学费一件事刚刚答应得慢点，就被扣上看不起乡下人的帽子。

“世广爹爹早年曾以优异的成绩考入大学，可是家里供不起，他妈妈招呼都没打一声，就把录取通知书放在灶坑里烧了。从那以后，世广爹爹变得‘两耳不闻窗外事，天天扛锄下地耕’。只是在世广这个儿子心目中，爹爹是座不语的高山。爹爹很少说话，一旦说话，世广只能听着。我和世广对于承担父母的养老和生活费用无怨无悔，但对要我们承担世年的小孩上大学的全部费用没那么爽快。世广在东都市，忙到洗澡都要接三个电话的时候，世年却在村子里的电动麻将桌上吞云吐雾。如今有什么理由，让世广承担雪迪的大学费用？世年的大女儿可能是个开头，下面还有三个弟弟妹妹。特别是唯一的男孩‘老三’更是全家的希望，全家人砸锅卖铁都想让这个孩子跳出农门，个中压力都通过世广爹爹压到世广身上。如今，大女儿上大学需要钱，世年自己不找哥哥说，让爹爹说；爹爹不找世广说，找我说。

“从老家过完年回来，到得病前的大半年时间，世广一直为此事伤脑筋。世广问我是否同意给，我说，要是素不相识的贫困孩子考上大学，我们或许很乐意资助他上大学；现在世年的女儿上大学，我们资助她好像是应该的，心里有些不情愿。碍于爹爹的面子，不给不行，要不然先给大一的学费和生活费，后面的慢慢来如何？”

我讲到这里，世广接过话茬说：“我和雨琮商量的结果，还没跟爹爹说完，爹爹就搬出当年他让世年退学，保我一个人上大学的往事，还说我不能忘本。我终究扛不过爹爹，特别是知道癌细胞转移到肝脏后，怕自己活不过四年，就背着雨琮在端午节的时候，把雪迪四年的学费都给爹爹了。为此，我在单位还有借款未还。”

“以后钱谁还？”风先生问。

“应该是爹爹吧。”我嘀咕了一句。

“让爹爹还钱，开得了口吗？”风先生问。

“没人还。”世广说。

“父母在以前那么艰苦的条件下，为孩子牺牲、付出和忍耐，孩子长大了要报恩。一家三五个小孩，总有一些成就高、一些成就不高，爸爸、妈妈往往会要成就高的孩子帮助成就不高的。”风先生说。

“一家人本就应互相帮扶，身边人这样做的也很多。”世广说。

“不错，一家人是应该互相帮扶。不过，别人一家人互相帮扶之后其乐融融，我怎么觉得你帮完之后似有难言之隐？”风先生试探着问，世广点点头。

“这件事差不多成了压死骆驼的最后一根稻草。”我说。

“何以见得？”风先生问。

“世年翻脸不认账，”世广说，“世年拿了四年的学费和生活费以后，不但一句感激的话没有，反而说他拦着不让爹爹为雪迪的学费找我要钱，是爹爹非得找我要。世年还说，他没有拿我的钱，我的钱是给爹爹了。”

“那你爹爹怎么说？”风先生问。

世广说：“天下事都是无巧不成书，如果爹爹还健在就没事了，问题就出在爹爹没多久离开了我们。我的钱当初的确没给世年，给爹爹了。可是爹爹和妈妈的生活费、医药费我和雨琮都包了，他们上哪儿去花八万元钱？爹爹心疼我在江都打拼辛苦，坚持去田里种庄稼，希望帮我们减轻一点负担。若不是为了雪迪，他怎么可能开口找我要八万元钱？世年说爹爹找我要八万元钱，简直天理不容！给钱以后，对雨琮隐瞒了两个多月让我如鲠在喉，却换来世年如此态度，我真是里外不是人！"

"你先平静一下，一次不要说太多，慢慢来。"天香安慰世广。

风先生问我："雨琮之前讲过感觉被世广骗婚，这次又被他弟弟骗了。世广在没有和你达成一致的情况下，自作主张把学费给出去，而且是在病重时，雨琮对此有何感想？"

"我一直努力理解世广、支持世广，春节不论克服什么困难都陪他一起回老家，我已经是在压迫自己配合他。赡养世广的父母我们不含糊，但没有义务抚养世广的侄女。后来得知世年翻脸不认账后，我让世年明确究竟拿了这笔钱没有。"

"世年承认了吗？"风先生问。

"不承认。我对世年说，世广为了保证雪迪上学，病重期间专门把钱给了爹爹。如果你收到钱后，告诉哥哥一声钱收到了，世广也不至于被你气得吐血。"

"世年知道承认了会有什么后果吗？"风先生问。

“承认了没有后果。”我说。

“世年知道他承认了没有后果吗？他清楚吗？”风先生追问。

对这个问题，我想了想，回答说，“他不清楚……”

“你的想法是他承认就没事了，世年的想法是承认就死定了。你跟世年说承认就没事了，他不一定相信。老师都会跟小朋友说，承认就没事了；小朋友真的承认后，通常不会没事。所以，你表达的意思和世年接收到的是完全两码事。”

“上大学是好事，我和世广本意就想资助雪迪上大学，没打算要他还钱。如今世年的做法，我倒想要他还钱了。”我说。

“世年的担心果然没错，谁知道你开始怎么样、后来怎么样？你都把握不了自己，他怎么可能知道你的变化？”

“我把握不了自己是因为他的狼心狗肺。”我反驳道。

“不管因为什么，你就是把握不了自己，你连自己都拿不准，他怎么会放心？他心里清清楚楚地知道哥哥给钱还拒不承认，就是担心你让他还钱，才一口咬定说哥哥的钱是给爹爹了。”听到这里，我和世广都觉得风先生说的有道理，“我没有说世年做得是对还是错，只是分析世年做法背后的心理。”

“不分对错，只看心理有什么用？”我问。

“李宗吾先生早年间提出‘心理与力学’的概念，希望用力学的方法找寻内心的助力与拉扯。这门学问透析人心、对人尊重、不批判地了解人心玩什么把戏。如果你能透视伴侣的内心，了解他的痛苦和挣扎，你就能帮助他，最终帮助自己。透析人心的目的不是要求别人为我所用，而是改善双方的相处模式。”风先生说。

“用邪了岂不很可怕？”世广问。

天香在一旁说：“不用担心，那样的话力量会回到他自己身上。”

“整个事件过后，雨琮有没有从心理动力的角度，重新去看过去和世广的相处？世广以一个农村子弟的心态遇到你，他内心世界的变化是什么？你会不会从来没有真正了解世广的内心世界？”风先生发出一串问号。

“我之前只顾着跟世广说我的想法，没有坐下来好好聆听世广的想法。世广后来的做法表明，他的想法跟我并不一样。他的内心倾向于爹爹一声令下，我们立刻照办。”我说道。

“这件事彻底粉碎了雨琮在婚姻中以为两人达成了一致的假象。世广说过家是不讲理的地方，意思是说家是讲情的地方。为了情，这么多年来，你们的一致很可能是因为世广爱你、不想和你吵架，才在表面和你一致，其实内心真正达成一致的并不多，要不然他不会在病重期间背着你做这件事。”风先生说。

“两人不达成一致，事情怎么处理呢？”我不解地问。

“你想跟他达成一致，本身就是错的，希望我这样说雨琮不要难过。世广一直在用力地做出人工式的和谐，或许世广理性上认为你说得对，内心却很难认同。我们见过很多一致，都是单方面先决定好，然后要别人同意。不妨颠倒过来，先不带目的性地去了解和沟通。有沟通，就有可能在达不成一致的地方挖掘到共通之处。抓住共通点去调整具体，最后常常既不是你的做法，也不是他的做法，这种一致才是两人真正的和谐。”

说完，风先生转身对世广说：“你可以帮助世年，但那不是应该，也不是必须。亲兄弟明算账是原则，原则下面做法有很多变通。不管怎么变，帮世年一定是你帮，你直接和世年发生关系。你要跟爹爹说：‘雨琮支持世年女儿读大学，学费没有问题，具体事情让世年亲自找你说。’一旦世年找爹爹作为第三者来找你，你白瞎了，根本使不上力。工作中一样的道理，如果一个员工帮另外一个员工说话或是找你请假，你不能接受，而让他自己来找你。”

“风先生的方法是四两拨千斤。”世广说。

“你按爹爹说的把钱给了世年，很容易埋下定时炸弹，以后反目成仇，连亲人都当不成。站在爹爹的角度，他让你资助世年的女儿学费，是想偿还他当年对世年的愧疚，这是他的逻辑。关键是，你要厘清人和人之间的界限。你既然清楚不可能让爹爹还学费，就要告诉爹爹，不要让老人家为了一个儿子欠另一个儿子的。”

4

什么都别说，只要能不痛

世广每天身体就是在痛。止痛药从六小时一次，到四小时一次，夜里也必须准时服用，否则疼痛来临，那种感觉让世广焦躁、害怕；吗啡贴片贴到后来都没有感觉了，只剩下头晕和想吐。世广心里很着急，说：“刚吃止痛药没一会儿时间就这样痛，如何是好？如果不能尽快控制住疼痛，永远与吗啡为伴，还谈什么理想抱负？人在疼痛面前，会失去所有追求，我现在只求怎么样可以不痛。”

李主任是胸外科专家，手术堪称一流，但是面对世广日渐升级的疼痛，显得有些回春乏术。于是他介绍我们来到和平医院的疼痛门诊。疼痛门诊的走廊明亮宽敞，久病的世广眼前一亮。诊室里非常安静，医生大概四十岁的样子，戴着和平医院标志性的萌宠彩色手术帽，系带随意飘在耳旁。世广的心被刺了一下，本是同龄人，只可惜面对面坐下以后，一个在工作一个是癌症病人。世广对“彩帽”医生说明疼痛情况时，习惯性地用右手抱住左肩膀。医生边听边打开电脑界面，输入医疗保险号码后，对世广说：“止痛药处方全市联网，我看到胸科医院已经为你开过最大剂量的口服药和贴片，本周不能再开药。”

“那就要干熬着吗？”世广听到这话，眼神里露出绝望，近乎哀求地说，“实在是太疼了，每天都无法入睡，怎么恢复健康啊！”

“医生，你一定要帮我们想想办法！”我们也快近乎哀号了。

“彩帽”医生很快说：“现在有一种镇痛泵，手术做好后挂在腰间，感觉疼痛就自己按压给药，根据疼痛程度的不同精准释放药量。”停了一下，抬头看一眼，又补充道，“不过，和平医院现在做不了这个手术，彰竹医院能做，你可以咨询一下。口服药有时来不及，疼痛袭来的时候，止痛泵能迅速缓解。”

回家的车上，我建议性地询问世广：“去加个泵吧？”

“还要做手术！”世广叹口气。我明白世广的意思，他顾虑近一年的化疗后，现在身体颇为虚弱，就算接受手术，也得给切除肿瘤手术留下余地。眼下虽然很痛，但是手术对身体的损伤更令人担忧。

最近从胸到肩膀之间的疼痛跟以前不一样，身高只有一百八十厘米，但那疼痛好像从遥不可测的远方传来。它们仿佛一群穷凶极恶的“跳跳小人”，跺着脚、挥舞着小手，摆明来挑衅——就是痛、就是痛，痛到你什么都不能想，只能想着我——就是痛！

再次见到风先生，世广迫不及待地说起装止痛泵的纠结。

“罹患重大疾病的时候会受疼痛折磨。一方面，人求死的欲望和求生的欲望一样强烈。当痛苦指数胜过想要的生命品质，自然而然会有一种求死的本能。与其继续痛下去，不如早日解脱。听起来好像很残忍，实际上不是。人通常没有办法承认自己在某个时候想死，剧烈的身体疼痛让人‘自然’想开了，因为一直痛下去不是一件好事。另一方面，疼痛不是来折磨你的，疼痛背后一定有要面对的问题，可是你不想面对、逃避掉了。没有疼痛你不会面对问题，解决疼痛就被迫要面对问题。”风先生说。

“我用最大的善良面对世界，在单位勤勤恳恳工作，在家孝顺父母、抚养姐姐的小孩，我想不明白这当中还有什么问题。风先生，你现在只告诉我一条，到底怎样才能让身体不痛？”世广很着急。

风先生坚定地回答：“观念带来经验。你果真遭受了生命是一场苦难的经历，这和你的观念一模一样。苦难有时候是物质上的折磨，有时候是精神上的折磨，有时候会直接变成肉体折磨。化解办法是彻底打破‘人生是来受苦的’这个核心观念。观念没有丢掉，会有受不完的苦。新的信念会变成新的经验，从相信‘生命是苦’到相信‘生命是乐’，做得好可以大大减轻疼痛，乃至不用止痛药。我的意思绝不是让你硬撑着不吃止痛药，疼痛来袭时根本忍不过去的，观念改变后癌症的疼痛还是会持续一段时间，可是会越来越不痛。

“《脑内革命》①中阐述过脑内吗啡有阵痛效果的问题。书里写到，人们对外界刺激，觉得真烦或者好爽的时候，常常会说不过是想一想而已，没什么大不了的。但是，大脑中任何的想一想，都会被物质化，并且形成化学反应，产生某种改变。采取利导思维模式的时候，具有正面能量，形成的物质有良药作用。人在发脾气、感到精神压力大的时候，大脑分泌出‘去甲肾上腺素’。这种物质具有很强的毒性，据说毒性仅次于自然界中的毒蛇。可见，心想好事本身就是一剂特效药。

“书中还强调说，自然界中有毒品吗啡，是导致中毒的危险品。脑内吗啡的效力是毒品吗啡的五六倍，但由于是身体内自然产生的，丝毫不必担心中毒，而且没有副作用，也不会让人头昏昏脑钝钝。我们每个人都能分泌脑内吗啡，但不是痛到临头的时候才临时抱佛脚。埋怨不好使，平时要养成利导思维的

① ［日］春山茂雄著，赵群译：《脑内革命》，江苏文艺出版社，2011 年版。

习惯。

“一般情况，男性理所当然地被朝着男性特质方向塑造，女性被朝着女性方向塑造。其实人的内心，既不是男性也不是女性，内心兼具男性和女性两种特质。女性特质比较偏向阴柔，阴柔的优点是倾听、随顺、能被带着走，弊病是容易变得没有自我；男性特质偏阳刚、果决，过于刚强则易折，也容易孤独。遇到蟑螂的时候，三岁的女孩会拿起拖鞋去拍，三岁的男孩不一定敢做。到了三十岁，男人不管敢不敢，都要表现得比女人勇敢。他们要把男性身份强行塞进男性的衣服里面。其实，每个男人背后都藏着一个女性。”

天香问道：“是藏在衣柜里边吗？”

“我是说在内心。”

大家都笑起来。

“世广，你不怀疑我是个男的吧？我是男性不代表我不能有阴柔、包容那一面。我在面对来访者时，大部分就用阴柔的特质，接纳、鼓励他们，用他们喜闻乐见的方式；我作为团队领导者的时候，阳性特质就比较多，有时甚至独断。同样，女生可以做女性特质明显的空姐，也可以开飞机、做机长。女生有了男性特质，不意味着失去女性的特点，而是可以温柔可以勇敢，是在 A 的基础上增加 B，不是非 A 非 B、不男不女。

“很多患肺腺癌的男人在情感表达这一块，都大大忽略了内心是多么希望得到爱和关心。通常情感表达被认为是典型的女性特质，男性兼具一些女性特质而不是娘娘腔，这能让整个身体获得更好的平衡。”

以前世广和朋友聊天时，总会说一句“哪儿说哪儿了”，特别嘱咐说的话只限在场的人知道，过后不能再提起，而且不能随便传给其他人。但事实是，世广今天说的话，明天传到郭总耳朵里就变了味。这里不同，无论世广说什么、做什么，风先生都不评判对错，不劝说我们改变，也不给答案，只是寻找背后的想法。很多时候人是因为被理解了，才愿意主动去改正自己，而不是被要求去做什么，世广对这里感到安全。

多次来浅湾一再受到鼓舞后，世广动情地说：“痛到止不住的时候，我觉得自己怎么这么笨？！为了一点小小的职位，让自己受委屈。身在其位，想要升职和领导扶持，就没办法翻脸，只好忍耐；明明下定决心说，等下去公司，见到老板一定跟他大声吵架，告诉他……结果到办公室一张嘴就是‘郭总您好’‘郭总一定要好好休息啊’；即使心里不高兴，还是要打躬作揖，现在到连命也要没有了……我为什么这么笨？！以为要高阶职位才能做大事、才能让雨琮和孩子体面。我不想再受任何委屈，连命都要没有了，干吗还要当一只哈巴狗，总是眼巴巴地看着，卑躬屈膝求别人帮助？天下事有求皆苦，但凡有所求，就要承受求之不得的苦，我过去为什么要违背本心去求那些身外之物？！”

第四章 重启自我疗愈

我在担忧、恐惧、焦虑中读懂你的心，

“外面自己”想要的其实你并不想要，

“外面自己”不屑一顾的其实是你内心的渴望，

恢复健康只是你“外面自己”的想法。

其实，你内心的某个“黑暗”角落还在依赖癌症，

我们需要重启“自助人助、自助天助”的能量。

1

隐藏 的真凶

脆性断裂

“世广是重情之人，想被别人看得起，不是出于骄傲自大，而是如果被别人看不起会在内心自责，觉得对不起父母的养育之恩，那是一种亲情上的痛苦。”风先生说。

“我小时候亲眼见过，有的家里来了穷亲戚连灯都不开。长大以后父亲卷着裤管、挑着一箩筐鸡蛋从学校操场上走过，他几十里山路走来的画面脑补在我眼前。从那一刻起，我暗下决心，要用自己的努力，让父母在家乡有颜面！”世广说道。

“你过去靠着给家里钱有了光环，享受光环的同时，也把全家胃口喂大了。”

“风先生说得对，是我让雨琮把钱寄回家，亲手把全家胃口养大了。每次邮递员去村子里，妈妈都会做一顿丰盛的米粑，热情招呼乡亲们，然后在左邻右舍羡慕的眼光中，轻声说雨琮给我们寄钱了。后来资助村子修路后，村子里德高望重的老人都喊我读书人，那种被尊重的感觉真好。”世广说。

“是春药就有退的时候，得一直吃才维持得住。过去你的价值是有工作、能挣钱、给严家光耀门楣、让周围人快乐。当你发现自己没有能力挣钱，还要花钱治病，不能给家庭带来快乐反而带来痛苦的时候，会生出一个疑问：人世间少了我，会不会更开心？再往后衍变为：我死了会不会对大家都好？你从农村出来工作，好不容易越干越好，升到主管职位。踢到铁板后有点自艾自怜，有点悲情，有点想放弃，又有点不甘，脆性断裂思考模式把五味杂陈的心情转变成自我毁灭——我死给你们看，我让你们自责，我让你们后悔。

“你在为难谁？你以为有人会后悔吗？有人会让你为难到吗？不会，你只会把自己逼死。任何时候都不能设定，外界一定要怎么样你才怎么样：一定要获得职位，你才有价值；一定要按照你的条件生存，否则宁愿不活；一定要找到百分之百符合条件的人，否则我就不爱。难道你想减重，体重没减下来，你就不活了？难道你想要郭总认可，人家不认可，你就不活了？在讨爱和自尊中，你没有找到关键点。接受别人的爱和帮助，不是设条件，是真的把心打开，只要是帮助都接受。小时候从家乡出来，需要舍我其谁的勇气和决心，但是在人际关系中这样会卡死自己，预设立场等于把自己逼进死胡同。给我一架直升机否则就炸毁大楼，是电影里的桥段，现实中只要一出现，狙击手马上现身。可以希望官拜何职，但不能威胁老天一定满足，只能带着信心走过程。”风先生说道。

“世广为人和气，哪有炸大楼那么极端？”我说。

可能是接触过很多癌患和家属，风先生对我的反应并不意外。他接着说：“就算言过其实也要反思。癌症本身就说明过去有盲点，往往别人已经明确指出了问题，癌患身处其中总觉得‘那是别人，不是我，我不是那样’。”

世广在一旁憋了一阵子，说：“人被逼到走投无路的地步，大义灭亲算了！”

“你当然可以大义灭亲把郭总打死！问题是打死他以后，你要不要把自己的命也搭上？生病前那段时间你因为郭总不信守诺言，导致心生怨恨。怨恨别人可以，恨别人会让你的力量增加吗？开玩笑讲，有一种大义灭亲是自己躲在一个地方养得白白胖胖的，然后报官把他抓起来，你在旁边眉开眼笑。你靠自己从山村走出来，《国富论》[1]倒背如流，用卖报纸的钱买股票都能涨几十倍，干吗老盯着郭总一个人？世上不是只有一个郭总在，你

① ［英］亚当·斯密：《国富论》。

可以换份工作、换个老板，创立企业自己就是老板。春天的杨柳枝充满韧性，反反复复折也折不断，低温状态下的金属块摔一下就断。世上成千上万条道路，你只看到其中一条，走不通就玉石俱焚，此为工作中的脆性断裂。

“世广在同事关系中表现出良好的亲和力，和雨琮相处时却特别执拗，固执地要求雨琮用‘你要的方式’爱你。如果不是你要的方式，就等于不爱。要一百元，给九十元好像就不爱你似的。小男生喜欢小女生就跑去掀人家裙子，他以为这是爱。要知道，爱常常不是你以为的方式。你无法强迫生命合乎你设定的条件，更无法强求别人的爱一定是你要的方式。

“雨琮不是不想按照你要的方式来做，是她没有能力按照你要的方式做。雨琮清楚你想要‘你侬我侬’，但这不符合雨琮和雨琮家族的价值观。为了弥补做不到，雨琮要多做一些补偿。于是雨琮越补偿、越用她的方式爱你，越不是你要的，两人越扯越远。你清楚自己没有达到雨琮心目中成功的形象，觉得对不起雨琮，内心充满愧疚。如果世广能够切断对雨琮的爱，而去爱别人，你不会死，你做不到。对你而言，如果真的做到不爱雨琮，活着也就没什么意义了。世广的固执之处在于：如果我心中没有爱，为什么要活着？此为亲密关系中的脆性断裂。

2

花若盛开蝴蝶自来

“如果说工作令你伤皮瘀青，雨琮令你伤筋动骨，而内在自卑和无力感携起手来才真正伤到髓。”

风先生语出惊人，世广却非常认同，说：“上学时，数学题我早早做了出来，老师还在不厌其烦地一步一步讲。我高高举起右手，挺着胸脯站起来说：‘老西，我不细。’（‘老师，我不是。’）然后跑到讲台上演算我的方法，老师、同学听我讲完就下课了。学生时代只要做题对、思路好、成绩好，就有发言权；在企业工作，如果不能谋得职位，卑微得连只蚂蚁都不如。”世广一肚子委屈。

“因为你对自己的存在价值看得非常弱，从一开始就没有认可自己，似乎必须狐假虎威，借一定身份和职位才有资格说话。你是谁，不在于你是什么职位，在于你做了什么。世界上本没有菩萨，做了菩萨的事就是菩萨。你看起来好像一直在追求事业和职位，其实是追求一份肯定。”

“是，以前小目标达到了，好像也被别人看得起了，但心一直揪着。过去被人看得起，是因为坐在企业的平台上帮别人办事，表面上再怎么冠冕堂皇，内心依然很卑微，担心位置没了自己啥都不是。内心既有一个傲气、不服气的自己，迫切想证明自己没有不如别人，又有一个懦弱的自己，认为自己不如别人。”世广说道。

“自卑常常存在于防御状态，防御就会吸引攻击。如果不是一个内心不肯定自己的人，就不会遇到拼命打压你的人。在庞大的企业集团中，你职位再高都是企业里的一丁点。内在过于希望权威认可、对权威存有恐惧，结果就真的遇到权威人士打压你。”

风先生说完，世广急切地问：“那怎样才能克服自卑，让癌症快点好起来？”

“这个逻辑不存在。”风先生的回答令我和世广都错愕不已。这么久了，好不容易挖出隐藏的病因，针对原因改正，有什么不对吗？

风先生接着说：“世广的逻辑是找到问题后，针对问题提出改正措施。数学题做错一定要改正，但发现自卑想改掉，常常怎么也改不掉，越想改越把注意力集中在上面。俗话说，千寒易去一湿难除。‘湿’与寒气结合在一起形成湿寒，与热结合在一起形成湿热，与暑结合在一起形成暑湿；自卑也一样，它不单独出现，而是黏腻在念头和行为中，表面上丝毫不影响工作生活，实际上分分钟影响到每一个角落。总想改掉自卑，就有可能掉进无休止的错误修正中，永远没有好的一天。

“当你不知道身边有小偷潜藏时，小偷轻易就能得手。锁定身边一个人是小偷后，不一定立刻报警，先盯住他、让他下不了手是第一步。世广过去一直寻找遗传、环境污染、食品等方面的致癌因素，没想过自卑如油入面，悄无声息地吞噬了情绪，久而久之诱发了癌症。很多时候不是改正方法为何，是根本没看到问题。问题在解决之前，看清楚了，就相当于解决了一半。

“很多人把自卑隐藏在内心，把自己看扁久了之后变成认命，生命能量自然而然降低，甚至不惜代价用金钱和社会地位来掩饰自卑。比方说，你走进领导办公室时，领导在扫地而不是在泡茶，第一反应你会怎么做？”

“抢过来做。”

“为什么第一反应是选择抢过来做，而不是以直接汇报工作去思考其背后的想法？这就是觉察的第一步。世广终其一生的问题是如何看待这个好朋友，而不是每次谈到自卑你都想说没有、没有……它是相当珍贵的一部分，你割舍不掉。接下来最重要的是去觉察，看看自卑到底藏在哪里、它是如何影响身体的。你是不是常常把最好的表现出来，把不够好的自己放在保险箱藏起来、不敢让别人发现？”

风先生这番话，让世广想起一件事：“妈妈来过两次东都，一次是武洁出生后，一次是前段时间得知我生病后。第二次妈妈到家，我就感到一阵阵心慌。起初不知道为什么，风先生的话让我想起上次老人家来东都时，从楼梯上跌落的画面。我心里一直担心，这次如果再发生什么意外，我病着，雨琮一个人应付起来，又是一场战斗。”

“无风不起浪，过去不觉察，心神不宁却不知道为什么，其实背后统统有原因。控制不住的心慌在于，当下直接短路到了过去的负面经验。觉察内在的思想过程，会在事情发生之前略略有点感觉，知道可能会发生。真发生的时候还是会惊讶，但不再那么震惊。觉察力不够的时候只能任凭担心和焦虑发展，觉察以后就不再完全受制于自动反应。觉察本身就是一种改变，因为看清楚本身就与之前的能量切断了，不是觉察完了一定怎么做。”

“那我就继续痛苦，没有任何办法吗？”世广问。

“接受自己就是还会痛苦一段时间。”风先生理直气壮。

“继续痛苦会不会让世广出问题？”我担心地问。

“真正面对了不会出问题，不面对才会出问题。想立刻解决问题可是解决不了，加上不接受这个局面才会让问题更严重。世广要有心理准备：是的，有一段时间我一定是很苦的；是的，有一段时间我一定会挣扎；是的，我接受现在肩膀剧痛。

“一般吃饱的人不会有很大的食欲，内心满足的人不会有太多渴望。内心不肯定自己，导致过度渴望领导和同事的认可。当你等待别人雪中送炭的时候，等于把自己扔在雪地里干熬，寒窑苦守十八年的局面是你自己造成的。不可否认，在单位要把一部分关注点放在领导身上，但主要力量一定不能放在别人身上，一定要放在自己身上。如果别人于你而言是雪中送炭，一旦人家不送炭，你岂不活活冻死?！有了觉察以后再去争取领导认可，和原先没有觉察时相比，简直是天差地别。

“觉察以后，你同时清楚地知道自己需要认可，同时知道领导的赏识和提拔都是锦上添花。锦上添花和雪中送炭不一样，‘锦’添不添花都保证不冻死人。雪中送炭和锦上添花的本质区别在于力量是否在自己身上。当力量在自己身上时，知道自己尽管有些期待还没有完全落实，可心里清楚是在朝着一天天完善的方向走，整个人感觉很快乐；力量不在自己身上时，心中的期待依然在，可是现实和期待越来越遥远。关键是自己没办法改变这个趋势，压力越来越大，整个人只能徘徊在现实的海洋中，随波逐流载浮载沉。

“当你发现自己特别在乎领导认可，或是特别在乎别人怎么评价你的时候，要警觉：我为什么如此在乎别人的眼光？是不是自卑作祟？是不是一直都通过别人的肯定和别人帮你盖章确认，才觉得自己够好？通常内心自卑的人，会特别在乎人家怎么看你，希望通过别人的肯定，让你觉得自己够好。当你希望郭总肯定你的时候，你已经先肯定他了。肯定又没有主动去表达你对郭总的认可和赞美，只是在期待着。

“李白斗酒诗百篇，他不会一边左顾右盼一边琢磨我的诗会不会流传千古、别人认可我的作品吗。诗人沉浸在自己的创作里，根本无暇顾及外面的评论。诗人的内心独白是，花若盛开蝴蝶自来，人若精彩天自安排。别人怎么评价不关我事，喜则共赏，不喜欢是他的鉴赏力有待提高。对世广来说，别人认同你，你就有价值；别人不认同你，你就不够好。别人不认同你，你会少一元钱吗？”

“会！宁可少一百元钱，都不要被看不起。”我插进来说道。

世广点点头，说：“我也是，而且我觉得自己不够成功。”

“你是从别人眼光看出去，觉得自己不成功？”风先生追问。

“嗯……”世广有些支吾。过去只觉得自己不成功，还真没仔细想过，到底是通过别人眼光看起来这样，还是自己这样认为。

“如果忽略别人的眼光，你会不会觉得自己挺成功？甚至对现状挺满意？”风先生问。

“如果忽略别人的眼光，我是个过小日子的人，或许没有那么崇高远大的理想，我只是想在别人眼里不是熊包。”世广说。

“从保住性命的立场出发，风先生要你往不在乎别人眼光的方向走，先去过小日子。”风先生说。

“我有过小日子的渴望，没有过小日子的勇气。父母养育了我，我身上背负了责任，可我一直像个没玩够的孩子，总在为了达到不平凡而努力，没有一天没有压力和目标、可以完全地享受一下。”世广沉浸在无奈中。

“先回来接触小日子，在小日子里恢复开心、愉快，甚至就在小日子中过一辈子都心满意足……”

风先生话没说完，世广直接否定了：“那不行。”

“为什么？”

“不能就这样屈于小日子。”

“小日子不争名不夺利，没人找你麻烦，这不正是你想要的吗？”风先生问。

“久了心里不踏实。”

“这就是问题，明明想要小日子，过小日子又不安心。是因为小日子不长进、没出息，还是你必须为严家光耀门楣？接受小日子代表接受你自己，接受自己后内心声音会发出来；按照内心声音去追求，闯出属于自己的那条路，赢得别人的眼光是自然而然的事。但前提是现在下定决心，不在乎别人的眼光。因为你不确定自己的价值、不确定自己在郭总心中的重要性，于是用各种办法进行试探。试探结果总是别人不在乎你，因此心中充满遗憾，为什么我付出这么多，获得那么少！如果你存在的目的只是让人家看得起，好，就算别人看得起你了，又如何呢？”

“更看得起。”天香神补了一句。

“你的目标就是被别人看得起，看得起以后更被看得起，下场只有累死！”风先生说。

“从小到大，我一直都让别人觉得我是个愿意为别人付出的人。怕人家看不起而做的事情，很多不是发自内心，只是为了获得大家认同。我生病后变得不想为别人付出了。他们都比我好，我为什么还要为他们付出？”世广觉得有些委屈。

“内心不平衡很难为别人付出，你以为你在付出，其实你给出去的别人不想要。脚上扎着钉子还对别人保持笑容，不容易做到。你追求父母认可、领导认可、爱人认可、同事认可、社会认可；回到自身，你认可自己吗？你在乎自己的感受吗？”风先生问。

“我当然在乎，后来是强行把自己的感受压下去。我读书的时候成绩全校第一，校长从自家带鱼给我补充营养。校长说：井底之蛙都是关起门来呱呱叫，自我感觉良好，跳出井口啥都不是。他勉励我考出好成绩，走出大山。从那之后我明白，自我认可没用，走出去得到别人认可才叫认可。”

“可是如果自我认可不够，为了得到别人认可，会压制内心去迎合别人。你做得再好，只要对方不肯定，就等于白做。你越觉得自己越没有力量，在社会中就越像一艘孤独无依的破船，风一来被吹得东飘西荡。讨好之所以是讨好，在于你主动把力量交给对方，赋予对方力量来评判你。”

“可是，雨琮和我一样都在乎别人的眼光，如果自卑是隐形杀手，我担心她会不会也因此……生病？”世广吞吞吐吐地问道。

“你的担心在于，两人存在同样的问题，为什么一个生病一个健康？答案很简单，爱情某种程度是两人之间的价值争夺战，最终不是收入高的获胜，也不是位高权重的获胜，而是对自己的价值比较肯定的获胜。你们两人中，雨琮的自我肯定程度比世广高。两人之间原本没有胜负之分，这里只是借用一下获胜者的说法解释世广的疑问。自我价值不高的人给出去的爱，品质会大打折扣，给出再多对方可能都感受不到，这就是世广感觉把心掏给了雨琮，雨琮还是觉得你骗她的原因。多年前流行过一句话：找一个我爱的人，还是爱我的人？”

“我爱雨琮多一些，我找到了我爱的人。”世广说。

“我爱的人，就是我认可对方比对方认可我的多。在世广心中，雨琮是钻石，你自己是水晶。人是因为被赏识、被看到，才真的具有外在价值，不是没成功就是没价值。当一个人事业没成功的时候，你先看到他的价值，会加速他的成功。很多时候，我们没有认识家的意义，家的温暖被贬低，反而是家的社会地位被强化。家庭的核心意义在于全家安居乐业、乐天知命、开朗自信。这是‘本’，本末不能倒置。如果舍本逐末，牺牲家庭的核心意义去追逐外在价值，最后内外双失。”

3

黄金比例

“孔子一直讲‘从吾所好’。凡是喜欢做的、有兴趣做的，就兢兢业业地去做，做到最后成功了，当然很高兴；如果不成功，过程中已经享受了兴趣带来的快乐，因此问心无愧、无怨无悔。对世广而言，过去没有找到自己的真正意义，甚至在企业，只是把家里的雨琮搬到外面变成郭总，转成要为企业服务，实际还是在讨好和希望被肯定。世广供职于庞大的集团企业，一定有能自我实现的工作内容。你过去把自己挤进既定的游戏规则，没有体现自己的特色。”风先生说道。

“过去担心展现自己会和别人格格不入，现在没有那么大力量再去找到自己内心的声音了，大多在迎合别人。”世广说。

“你的说法我不见得同意，展现个人不见得格格不入。我希望你由 A 到 B，是因为由 A 到 B 容易、由 B 到 A 难。为自己而活最后赢得别人的眼光，是省力的做法；反过来，为了获得别人的眼光而委曲求全，是费力不讨好的做法。两者中，前者慢慢靠近自己、靠近灵魂；后者慢慢迷失。等你迷失再回来找，不是不可以，多费周折罢了。从北京到广州，往南走约两千千米到达；往北走当然也可以，绕过大半个地球后到达。

“每个人在宇宙当中都有一席之地，你没有如你认定的那样被人家看不起，也没有如你所认定的那样一事无成，是你自己这样看待自己。竞争需要跟别人争位置，而一席之地是你生而为人在宇宙中本来就有的，找到存在的价值、坐稳属于你的一席之地，你不太想和别人竞争，更不需要被人看得起。当你能说出‘我不需要被看得起’这句话的时候，会突然松一口气：原来，过去一辈子最需要的，突然发现并不需要。想一想，一个不需要被别人看得起的人和一个很需要被别人看得起的人，两个比起来，哪个更容易被看得起？”

“应该是不需要被看得起的人。”世广不太肯定。

“对，不需要被看得起的人更容易得到尊重，因为他心里自我肯定。当你内心有了变化，不再需要被别人看得起时，表示你有了自我认可。

“工作生活中，很多人都是通过表现好来获得肯定，但大多数并没有因此罹患癌症，因为他们没有世广这般‘无所不用其极’。

身体有伟大的自我疗愈力，正常情况下完全有能力代谢掉体内有毒物质，但事情都是无巧不成书。内在不肯定自己和外在执着于职位两件事碰到一起的时候，如果再有脆性断裂模式推波助澜，无力感成为那段时间主要的感觉基调，无法容忍但无力改变的时候身体就会生病。当你对生命充满无力感时，没有理由要求身体的细胞呈现生机勃勃的样子。

“现实生活中，人的价值大多来自收入多少和职位高低，在企业到了一定年限还未提升也意味着一种失败。我不否定这些观念，但当下对你而言，身体状况不允许你再去追这些。”

“也追不上了。”世广苦笑道。

“那怎么办？”

风先生的问题戳到了世广的痛处，这个问题从世广生病第一天起就变得异常尖锐。为避免尴尬，我和世广都小心呵护对方，极力回避这个话题。风先生却明知故问专门揭短，我怒火中烧，两眼盯着他，吼道：“这是疗愈吗？简直是挑事！你明明知道，世广生病后内心最大的痛楚莫过于不能再给爸妈撑面子了，不能为家里挣钱，你还直截了当问他怎么办！难道一定要鲜血淋漓地把痛处全部剥开吗？看破不说破也算积口德，世广的身体状况禁不住这么严肃的问题。”说罢，我拉起世广，摔门而去。

南国的晚上下起滂沱大雨，天空中不时一个闪电袭来，在前面两幢楼的缝隙中划出一道霹雳弧。我和世广坐在窗边，听着外面狂风的嘶吼声夹着雨点砸在窗户上的声音。这时，手机在桌上“咕咕咕”振动起来。我拿起一看，是天香打来的。她小心翼翼地询问第二天是否进行，我觉得没必要再继续下去，嚷道：“肺癌疼痛还有药物可以缓解，问题剥开却不提供解决方案，让人活生生忍受煎熬，这种痛我忍受不了，世广更忍受不了！”

听筒里天香不愠不火，说：“或许今天的激将，是救世广一命的关键。”

“什么？”听到能救世广，我吃了一惊。

“长期卧床的病人生褥疮，身上会烂出一个洞。那时候不管有多痛，医生都要掀开表面的皮肤，清理下面坏死的烂肉，一直到流血为止。为什么治疗小小一块褥疮，要清理那么大一片？因为褥疮看起来一小块，其实旁边的肌肉组织已经坏死，一定要深入清理，直到流血并感觉生疼才能停。否则，表皮看起来好了，里面还继续溃烂。”天香讲得活灵活现。

“褥疮清理过程中的疼痛可以通过麻醉剂缓解，如果没有麻醉剂助力，即使能根治，造成的剧痛还是让人望而却步。可能很多人会宁肯选择不揭开皮肤，让它在下面隐隐作痛。世广生病后，好不容易逃离原先的难局，现在风先生把问题赤裸裸地摆出来，于事无补还徒增烦恼！”我气哼哼地说道。

“身上有伤口身体很快会自行修复，以此类推，肺部受伤、情绪受损后，身体也应该尽快修复才对。然而，事实并非完全如此。肺部损伤后，人反而变得更容易忧伤愤怒，忧伤愤怒再进一步损伤肺部，以此往复。上帝作为精巧的造物主，为什么把身体设计成这种破坏性结构？”天香的提问，我想了半天也答不出。

天香接着说：“忧伤导致肺部受损后，如果不改变情绪，继续在原先的圈子里打转，癌症将沿着既定轨道恶化。风先生今天把问题剥开，就是为了让世广彻底看清原先的模式没有出路，唯有彻底改变才有可能搏条活路。”

世广通过手机扬声器，听得真真切切。的确，面对癌症步步进逼，世广回到医院大多数时间是在用药物缓解疼痛，已经没有更多的办法可以选择。于是，我改口对天香说，还是留下来。

第二天，天香依旧笑眯眯的，风先生则回到昨天的话题，一如既往地单刀直入。“觉得自己不够好的想法，让你不相信自己真的被爱，似乎总要借助做点什么让自己的存在合理化。好比你想吃红烧肉，自己炖给自己吃好像总不太合适，而以老人或小孩的名义，你跟着一起吃，仿佛才心安理得似的。有必要这样吗？”

“太没必要了，”我笑着说，“可我就这样。”

“内在自我认可不够让内心像永远填不满的黑洞，填进去过一阵子就像流沙一样没了。别误会，我不是说努力工作不对，而是说努力工作的出发点不是去掩饰你自身的无价值。社会价值最终不属于你，你死掉保险赔付换作雨琮的嫁妆，不是你的。死亡一刻的最高荣耀是‘此生无悔’。活出生命的喜悦，心满意足此生没白来，才是属于你的东西。世广参透了这一点，癌症一定会好。”风先生说。

“这么神奇！”我和世广几乎同时惊讶地说道。

“松鼠躺在大树下晒太阳，从不觉得自己是懒松鼠，它做它自己本身就丰富了大自然。如果生命是因为工作才有价值，等你年老体弱做不了事情那一天，你还要不要活着？生命不是因为你做了什么才有价值，是无条件的天生有价值。无论是在呼风唤雨的辉煌时期，还是在婴儿时期，或是丧失劳动力的特殊阶段，生命价值都毋庸置疑、无可否认、无须证明。我们生而为人，天生有价值。”

“什么都不做岂不成了一只米虫？”世广问。

“价值不仅仅因为工作而存在，你可以不工作。话分两说，可以什么都不做，不代表一定什么都不做。当你可以不工作还愿意去工作时，那是完全不一样的心情。”

“工作中，我总是做到近乎完美。”世广说。

“完美主义的人用最高理想做评分标准，做得再好也不够好；你表现越好，那个远大的理想越在远方嘲笑你。就像自己没有一个外在标准必须达到，你也没有一个外在完美的标准去达成。肯定自己不是有错不改还死鸭子嘴硬，是你知道自己不完美还留给自己犯错误的空间，因为你坚信自己天生完美。就算有做得不够好的地方，瑕疵本身就是完美的组成部分。你的存在本身就有意义，不是你长得漂亮才有意义，也不是你做得好才有意义。因为你天生有价值，所以你不需要用做得好来证明你的价值，逻辑关系必须摆正。

“世广有一个倾向是觉得自己应该做得很好，当你没有达到自我要求的完美标准时，你不断谴责自己‘我怎么这么没用’，内心觉得自己是个失败者。世广自我要求很高，‘眼前是无尽目标，身后是万丈深渊’。正是因为你在意识上不接纳自己做得不够好，总担心做不好有多么可怕的后果，失败的感觉才会躲到潜意识中。身体显现了更接近真实的你，而不是你以为的自己。那些跑到潜意识中的观念，最终透过身体反映出来。

“你的价值和意义很重要，关系到你的细胞认为自己是阿猫还是阿狗。当你觉得一切都没有意义，肝脏凭什么要功能完好地替你奋斗？肺脏为什么要拼命替你过滤掉雾霾中的细小颗粒？心脏有什么理由要努力跳动？难道跳得好是为了让你去讨好别人吗？当你的生命意义失去的时候，你身上的每一颗细胞都跟多米诺骨牌一样一个一个倒下了，最后整个系统瘫痪掉。当重新感觉到生命的意义，身上的每一颗细胞就都找到了存在的意义。不论是原发的肺腺癌细胞，还是转移的肝癌细胞，它们都会归位，找到自己的位置。”

风先生这番话让话风突变，世广往前探了一下身子，表示出浓厚兴趣。世广长久以来为了达到完美，付出了巨大的恒心和毅力。如果人根本不需要那么完美，岂不是轻松了许多？世广特别开心，脸上露出由衷的喜悦。还没有一分钟，转念一想，不对，马上说：“这样岂不是变得不思进取？”

“乌云遮空蔽日时，很容易产生一种错觉，以为乌云就是整个天空。这时坐飞机飞到云层上面，看到头顶是蓝天，乌云在脚下，你确信乌云不是天空，乌云只是飘进天空。你是那整片天空，自卑是天空中的一朵乌云，接受自卑不影响你是蓝天的本色；相反，不接受自卑会让你把精力都花在对抗上面。

“毫无疑问，怕被人看不起能激发你的努力，但如果努力的动力是怕被别人看不起，那本质上还是在和别人比较。比输了，沮丧；比赢了，后面还有无数比赛，比到最后比输为止。因为你再怎么有钱，一定有人比你更有钱，哪怕你有一天成为世界首富，首富的老婆不一定比所有人都漂亮。

“不追求完美，并不是不思进取或是降低工作标准，而是行动积极、内心悠闲。看起来轻松自在不代表不全力以赴，外在全力以赴内心却不执着，不会得不到就哭爹喊娘。小孩玩游戏时很像这种情形：认真、投入、一点错误也不行，只有完美才能通关。很少有小孩因为游戏没玩好去上吊自杀，大部分是高考没考好去上吊。如果把工作和高考当作打游戏，既全力以赴，又不那么在乎结果，就容易考出好成绩。带着些许期盼和轻松的心情，反而容易做得更加完美。

“如果把你的价值与你做的事情两者混为一谈，事情失败等于你这个人失败，你被郭总晒着时，才会那么焦急无助！工作失败，你需要学习的是如何改善工作方法，不需要在工作失败的同时将自己击倒，更没必要因为工作失败把自己全盘否定掉。因此，要在‘外在表现’和‘你这个人’之间筑一道防火墙，把你的表现和你这个人分开，始终把自己保护在肯定的氛围中。事情可以失败，但你这个人不会失败。如果和父母关系没有处理好，承认你是一个失败的儿子，你这个人就没有失败；如果爱情失败，承认这段关系没有处理好，你这个人就没有失败；事业失败，承认这份工作没做好，你这个人就没有失败。否则，别人的一个眼神、一句话都会长驱直入，直击你的要害。

“你可以做很烂的事，但绝不可以是一个烂人。‘你所有不完美之处，在宇宙更大的完美计划里，都得到了救赎。’[①]这种与生俱来的价值，不断把你这个人与你的职位、财富、工作、角色等外在因素剥离，它不保证你在成功的路上高歌猛进，却保护你遇到挫折时不会硬着陆。

“有时候别人认可你，是因为你能给他带来益处，和你本人好坏没关系。生命价值建立在实际价值上的人，最不能接受别人说他做得不够好。没有建立起肯定自己的人生态度，生命的价值几乎就全部建立在职位这样的外部认可上；没有领导认可，几乎全部否定了自己，整个身心承受很大自责。从认为自己卑微得如同蚂蚁，到接受不工作也有价值，只是一个心理上的动作，但它透骨透髓，比任何外在动作都重要。

“当然，承认与生俱来的价值，并不是让你天天‘葛优瘫’，而是先稳固与生俱来的价值后，安心去做更多工作。世广和武洁在一起时是爸爸的角色，和雨琮在一起时是丈夫的角色，进入企业是员工角色，升职以后是主管角色。因为角色不同所以压力不同，获得的经验也不同。

“世广没有进入主管角色之前，只需要做好本职工作；进入主管角色以后，要协调团队成员关系，让团队发挥更大作用。想把主管角色完成好的念头，给你带来了挑战。你只是借助完成角

---

①［美］珍·罗伯兹著：《健康之道》。

色去丰富生命经验，角色真的遇到困难，痛苦到活不下去，大不了不干了！今天刚好天时、地利、人和，之前所有讨好都失败，放弃所有角色，暂时不追求事业成功、不追求被别人肯定、不纠结你是不是一个称职的爸爸或先生，只回到你本人，你是谁？”

“我们从小受到的教育都是发扬中华民族优良传统，多为别人着想；现在我要放弃角色，变成以自我为中心？”世广有些疑惑。

“你过去一直在各种角色中寻找价值和肯定，找得很失落。千江有水千江月，万里无云万里天。父母的面子、郭总的肯定、职位高低都是水中月。水中月很像月亮，可惜不是月亮，真正的月亮不在水里。当你在自己的里面找到了力量，所作所为不再是为了得到别人的赞美和肯定。别人可以觉得你不好，你心里知道自己是谁，别人觉得好不好无效。你甚至连辩解都不需要，别人怎么认为是他的自由，要允许别人有误会你的自由。只有找回自己的价值，才可能强大到任别人怎么说都没有用。

“如果今天你已经是大咖，走路有风，别人的认可对你而言可有可无；当你还没有获得足够的社会承认的时候，你必须先有自我认可，才能顶住外界不认可的声音。换句话说，获得别人认可的方法是先有自我认可，让世界被内心的自我认可主观化，主观地自我认可再去面对外界。主持人很少站在舞台中央，大多站在黄金分割点的位置，视觉效果和声音传播效果才好。在人生舞台上，你同样要站在黄金分割点的位置，自我认可占零点六一八，别人认可占零点三八二。比例不见得这么准，但两个关系可以确定：一是自我认可优先于别人认可，二是自我认可多于别人认可。”

“是……过去领导肯定的时候，我恨不得不睡觉把工作做好；如果领导不点头，心里就会七上八下，猜测自己哪里做得不合适。我几乎没有自我认可，把重心倒向领导认可上。道理讲出来好简单，我却把顺序弄颠倒了！”世广说。

“外界的事情你控制不了，如果你等着别人改变，等到死别人都不一定改变。你的想法改变后，纵使在郭总不改变、雨琮也不改变的情况下，通过你自己的不同，世界也跟着不同了。”风先生说道。

“过去我总问：郭总为什么不肯定我？现在变成问：我为什么要被他肯定？我为什么要被他的不肯定弄得遍体鳞伤？我为什么没办法选择一个肯定我的人？我为什么没办法让一个不肯定我的人肯定我？我为什么没办法离开一个不肯定我的人？从这些角度出发，都是从我能做到的去处理问题，这种心情和以前完全不一样。”世广说。

全我 中的每一个片段

人丑换镜子没用

清香晨风远，溽彩寒露浓，转眼已是寒露节气。世广在家休养了一段时间后，心里痒痒的，想找风先生再聊聊。

“风先生总是哪壶不开提哪壶！”我念叨了一句。

世广笑笑说：“他像一位中医按摩师，按到穴位上让人酸痛难忍，但还特别想按。”看到世广愿意去，我满心欢喜，很快我们踏上又一次疗愈之旅。

此次到浅湾，世广身形较上次消瘦不少，加上肺部不好，说话间隙夹杂着些许喘息声。风先生见到世广，跳过寒暄说：“事实总是经由迷失而清晰。珍·罗伯兹在《个人实相的本质》[①]中写道：‘你在物质世界中所获得的经验和体会全都是从心

① [美] 珍·罗伯兹著，王季庆译：《个人实相的本质》，湖南人民出版社，2013年版。

灵向外流出，然后再回过头来感知这些经验。’医学检查发现肉眼可见的肿瘤已是木已成舟，初始阶段是在内心酝酿。起心动念在先，事情发生在后；心中绝望在先，身体形成肿瘤在后。不把这个顺序导正，永远是癌症受害者，很多时候就算能够在知性上同意我们主动邀请癌症来到身上，但在情感上也会觉得难以接受这个事实。

“爱因斯坦的质能方程 $E=mc^2$ 指出，质量和能量是同一事物的不同表现形式，质量和能量可以相互转换。因此，肿瘤的质量和它所包含的生命能量之间也是相互转换的。

“直接对肿瘤进行处理，无论是化疗、放疗还是手术都避免不了切了肺跑到肝上、切了肝跑到骨头里、切了骨头跑到脑里。人天生不喜欢吃药，不喜欢侵入性治疗，很多时候都是不得已。幸运的是，当被癌症逼得快没的医的时候，心情还有的医。找哪位名医、用什么药，是从实体肿瘤的角度开展治疗，穿过实体肿瘤去了解内心则是进入能量角度。用改变能量的方法改变质量，接下来要做的治疗就很多了。精神状态可以活化体内的病毒和生物酶，只要让内心难过、痛苦的能量流动起来，有质量的肿瘤会像冰雪消融一样消失。

“如果治疗癌症有像盘尼西林一样的特效药，就不用绕一大圈——从四处求医问药却求而不得，到回归自己身上，通过转换内在能量来化解肿瘤。这恐怕是癌症对于人类最大的善意，它用最狰狞的面目，提醒离家的孩子们回到心灵故乡。

“芹菜放在红墨水里，阳光照射几小时后，红墨水会在蒸腾拉力作用下上升到芹菜中部。横着切开芹菜，断面上可以看到红色的小点点。把红色墨水移开换一盆清水，再过几小时红点变淡，芹菜又恢复翠绿。身体与心境的关系类似芹菜泡在墨水里，身体是心境的浓缩，因为这样的心境，所以呈现这样的身体。身体只是心境的一面镜子，人丑换镜子没有用。透过身体可以觉察到心境，改变身体要从改变心境开始。改变心境等于给癌细胞变换一个环境，这一刻的环境很快会变成下一刻的身体。

“世广一直觉得自卑、不如别人，问题不在过去的自卑，而是你现在没有能力，所以不断连接过去的经历。如果今天你有能力化解当下面临的问题，你的过去就被现在染色了。小时候家里很穷，你现在可以告诉自己一切很好；小时候爸妈不鼓励你，现在你可以每天称赞自己一句。当下的快乐和满足能淡化过去的痛苦。老去想以前有多悲催，等于把过去的悲催来来回回一遍遍复习。把癌细胞从悲伤挪到愉悦的环境中浸泡，让它们从射线照射回到阳光照射，它们会很快成为功能正常的细胞。”

2

为何没能挡住一路扩散

所有人眼中，包括我眼中的世广，都是负责任的男人形象，毫不怀疑地以为他一心一意要争取职位，不知道他心中充满矛盾冲突。生病前，世广萌生过离开研究院解甲归田的想法。想走不能走、不走又难受，两个想法一直打架，没有一个占上风，精力都用在内耗上。

近年一部名为《秘密》的电影上映，让“吸引力法则”的概念风靡全球。吸引力法则很像中国人常说的一句拜年话——心想事成。当特别想做一件事，并为此破釜沉舟去努力时，各种资源就会神奇地聚集在身边，帮助实现最初看起来遥不可及的目标。吸引力法则听起来很好，但现实中我们大多感受不到心想事成，不想要的一直降临：心想富足，收到一沓欠款账单；心想减肥，收到腹部一波一波‘游泳圈’……

世广说想恢复健康，他没有说谎，他的确是做梦都想恢复健康。按照心想事成法则，身体应该逐渐趋于恢复，但癌细胞一路扩散的事实明显与希望恢复健康的想法矛盾。心想事成到底是一个靠得住的客观规律，还是仅仅是一句祝福？奥妙在于心想事成的“心”有内外之分——“外面的自己”想要的东西，内心不一定想要；“外面的自己”不屑一顾的东西，说不定正是内心的渴望。由此大胆推测，恢复健康会不会只是“外面的世广”的想法？内心会不会是依赖癌症的？

大胆假设小心求证。

生病之前，世广身为男人，只要能吃饭、能走路，就得去工作，硬着头皮搬把椅子在办公室坐下来；得癌症后，不去上班立刻成为天经地义。全家生活重心都转到关心他上面，我全身心回到世广身边陪着他，有形、无形的力量都不再逼他，世广前所未有地得到领导、同事、妈妈和全世界的关爱，一切都理所当然。恢复健康的想法中弥漫着些许骗自己的味道，世广甚至感谢肺癌。

“一见杨过误终身”的爱，让他有再大困难，也不想分开。一纸诊断书帮他从骑虎难下的境地解脱了，对亲爱的人有所交代——不是不去争取职位，我马革裹尸了；肺癌帮世广对领导同事有了交代，不是得不到职位，是因病隐退，理所当然不再去争；肺癌帮世广对妈妈有了交代，不是不报答家乡，是肺腺癌让我没有机会再报答。

对此，我非常不理解，问世广和风先生："世间路千条万条，选哪条不好，为什么要忍受病痛折磨，选择癌症作为解决方法？"

风先生听罢，说："人在极度绝望中会用意想不到的方法达到目的。有人用癌症表示绝望，有人用绝食表示抗议，有人用跳楼表示无能为力……世广性格冷静理智、顾全大局，他知道身边的亲朋好友不能接受他好端端地跑去跳楼，只好把绝望的念头压入内心深处，从跳楼改为'沤'一场大病。此时，'外面的世广'还坚持着要恢复健康，没有看到内外分歧。解铃还须系铃人，如果说癌症是你主动要它来到身上，那么癌症治疗的关键点依旧是你自己。因为这里的分歧不是你与其他人的，而是自己内部在打架。

"如果世广没有在小日子中安身立命后听到内心声音，对于新工作没有那么打从内心深处喜爱，每天治疗痛苦得像鬼一样，还活下去干吗？特别是当心中起了一个念头——'不知道这样的日子还要多久'，这样的念头里已经有了对生命失望的味道。如果接下来没有抱着'生命很有意义，熬过去就没事了'的信心，很快就会觉得再下去也不过如此。绝望是生物上的敌人，身体康复内心依然绝望。健康的双腿迈向何方将成为更棘手的难题，癌症康复了更麻烦，立刻陷入新的焦虑。求生的欲望一直被重视，求死的欲望常常被忽视。

“落差就在于‘外面的自己’希望，但内心不相信。当内外想法不一致时，宇宙法则是内心为王，终究按照内心执行。在痊愈之后怎么办和继续身患癌症之间权衡时，无力感占据上风，内心趋向于得癌症更‘划算’，尽管这样会遭受病痛。如果觉察不到内心有依赖癌症的部分，医学治疗充其量算作自娱自乐。这样的情形好比右脚踩油门左脚踩刹车，引擎拼命转车子原地不动；药费拼命花，癌细胞躲在里面笑。心理学大师荣格说过，若是无法察觉内在情境，它们就会投射出来变成外在命运。这也是很多心想事不成的主要原因——不知道内在有抵触，很多努力变成做白工。

“好比一个女生看到大家都晒 A4 腰、马甲线，自己也跟着减肥，可她心里一直有个声音说：那些瘦瘦的女人，想想就让人羡慕嫉妒恨，我肉肉的才不会成为女人公敌。由此可见，想减肥是‘外面的自己’的想法，内心实则依赖肉感。心想事成按照内心想法行动，当然回馈她一副圆润的身躯。有很多人希望有钱，心里却认为有钱人为富不仁、无商不奸。心想事成按照内心想法行动，自然排斥金钱。有人表面上羡慕豪宅大院，但内心向往一家三口五口的小日子，所以总会阴错阳差错过豪门。有人表面希望人际关系好，心里认为人际关系越好越不能有自我，越多的人喜欢我代表我越不能有个性。如果不改变心中的观念，多少方法都难以奏效。

“进补前都要先清理积食，心想事成也一样，前序步骤是检视头脑中已有的诸多想法和念头。尤其是如果梦想长时间没有达成，更要检视其中是否有自相矛盾。念头来来去去，内心念头远远多于身上发生的事情。我们身上发生的每件事一定和当初某个念头有关，只是日久天长，当初那个念头可能想不起来了，以至于解释不了今天为什么这样。通常越简单、越单纯、越没有抵触，甚至越没有用‘外面的自己’去深思熟虑，越容易心想事成。

“有了找个停车位的念头，朝某个方向看看，那么巧刚好就碰上一个位置；有了恢复健康的念头，怎么那么难奏效？因为找停车位时内心简单，没有纷乱的挣扎，停错了不会成千古恨。所以停车位一分钟就找到了，癌症康复一年还没有起色。每件事情第一个念头往往都很单纯，如果从头到尾保持单纯，实现速度会非常快。后来往往越变越复杂，各式各样的念头充斥进来，以至于心想事成都不知道要成哪个。这时候如何从复杂的头绪回到简单？

“回想小孩来到这个世界，为人父母看到孩子第一眼，那时心情很简单，希望他有十个手指十个脚趾、健康就好。自此之后，情况一天比一天复杂：确认十个手指十个脚趾俱全后，迅速启动早教；早教过后，希望成绩优秀；成绩优秀后，希望工作出色；

工作出色后，希望婚姻幸福美满……这些希望都没错，问题是希望越来越多，终有达不成的时候。当初看到孩子第一眼，只希望他健康，此时已与当初相距甚远。在森林里迷路后，一定是回到出发的原点。此时父母割舍多余的期待，退回希望孩子健康就好，把成长空间还给孩子，孩子会自己找出路。

“再回想恋爱中的人，本来爱还是不爱，一个人心里清清楚楚，偏偏把自己搞得说不清。不是真的说不清，是‘故意’让自己晕头转向。因为如果搞得很清楚，就不能嫁一个自己不爱但很有钱的人。只有把自己搞晕，才能嫁给一个没那么爱但可以提供下半生保障的人。我们先花大把时间把自己搞晕，遭遇亲子问题或是身体疾病后，再花大把时间去找寻内心真正的想法。

“这个想法不是眼界没打开时，傻傻的单纯或是白痴一般的固执，而是经历过纷繁复杂后，终于从中挑出自己真正要的是什么，不会什么都想抓。此时的真实不是对别人真实，是对自己真实，此时这个想法才能走向心想事成。

“确诊后的前半年时间，病情控制得相当好；后来扩散的原因会不会是你找不到活下去的理由？工作上，少你一个不少；家庭中，雨琮一个人带着武洁，也可以没有你。当你找不到存在的意义、内心认定自己可有可无的时候，身体按照内心想法行动，癌细胞加剧扩散让你真的成为多余的人。你相信自己多么没有力量，就给癌细胞多少力量；你拿回自己的力量，癌症就没有力量。世广当下要做两点：第一点是想通，抓主要矛盾；第二点是化繁为简，舍掉多余的想法，关注点回到自己身上。”

“哪些想法多余？”世广问。

“希望父母觉得不白生养你，终其一生想当整个家庭的拯救者……意思是你没把衣服脱掉、洗澡，怎么穿新衣服？”风先生信手拈来。

世广摇摇头，说：“原来这些都是多余的……”

“从本心出发，一心一意去做属于自己的事情，割舍责任才是重新负责任的开始。抱定责任二十四小时都割舍不掉，不对；对于责任二十四小时都割舍了，也不对。暂时抛开工作、抛开在乎别人的部分，任天平往自己身上倾斜。”风先生说道。

世广觉得风先生说的有道理，但还是不放心，问道：“我担心这样做，雨琮离开我，怎么办？”

风先生飙出一句：

“你死掉，还不是一样离开！如果雨琮离开，代表你未来有更好的。对待雨琮，你得下定决心，不再以怕失去的心态对待。得之，我幸；不得，我命，不是处心积虑必须得到。当你处心积虑地维持一段婚姻，处心积虑地抓住雨琮，压力多大！就算你得到了，也不再快乐。当你下定决心，百分之九十五不会失去；

不下这个决心，失去的可能性在百分之八十以上，因为你最害怕的就是你最相信的。放出去回得来的才是自己的，放出去回不来的注定不是你的。对待工作，如果研究院是你喜欢的一份工作，不管外界发生什么，当下去做，人生有梦，筑梦踏实；如果那不是你真心喜欢的工作，没理由说是郭总忽悠你去的。

“禅宗‘未参禅时，见山是山见水是水’，那情景正如世广刚来东都时一头扎进去的样子；禅宗后来‘见山不是山见水不是水’，情景如同世广在工作中遇到了挫折；禅宗最后‘而今得个休歇处，见山又是山见水又是水’，关键点在于想通。此时此刻，想得通和想不通之间是一条命。明白点讲，此时此刻，世广到底能下多大决心斩掉多余的想法，回到初心？当初来到东都，你的初心为何？”

“让周围人过得好。”世广回答简单。

“你一直躲在服务别人的名义下，不直接为自己挺身而出，真正原因是害怕！做自己的事情说起来美妙，真正走上自己的路会害怕。为别人而活是个美丽的借口。为自己而活，如果失败了，失败是自己的；为别人而活，如果失败了，你是付出者，失败是别人的，付出者总是很伟大。世广，你的为别人而活，里面有没有害怕为自己负责的成分？”

世广不像刚来时那样总是受到剧烈撞击，不断顺着风先生的逻辑去观察。世广缓缓说：“一方面，我根本不知道怎么做主，也害怕做决定。与其害怕做决定，那么别人帮我做决定好了，错了，错也不在我，我不用承担做错以后的自责。另一方面把自己的意见压下去，听老师、听专家的看似安全，听了别人的身体生病后和别人却一点关系都没有，全部得自己承担！”

“此时，最大的痛苦是迷失、混乱、内心冲突，可是你又回不到过去那个简单的年代了。过去随大流就好，现在责任具体到每个人。所以你的灵魂骚动不安，不可避免地重新质问你的生命的意义和责任究竟在哪里。难道只是为了功课好、坐办公室、吹冷气、赚大钱，为了在社会上有一份体面的工作吗？显然不是，生命有更高的意义。活出自己的意义，最后也是服务别人，但那是最后，不是刚开始自己还没吃饱就去管别人。要救人你得自己先站在岸上，根基稳固将来才能为社会和大众服务。你现在连命都快要没了，何谈帮助别人？何谈为企业服务？眼下，世界之于你只有两个字，保命！”风先生语气中透出坚定。

对此，《少有人走的路》[①]中说过：‘大多数病人一旦意识到治疗意味着要为病情和治愈负起责任，心中的畏惧之情就会油

① ［美］斯科特·派克著，于海主译：《少有人走的路》，吉林文史出版社，2007 年版。

然而生。不管病人的斗志多么高昂，心里都会打退堂鼓。他们像青春期的少年，渴望摆脱束缚和乏力的状态，拥有成年人的自由和力量。但是成年人应当承担的责任，让他们感到乏味和恐惧。他们总是避免完全成熟，因为那样一来，就不得不付出更多的努力完成上苍赋予的更高要求。'

至此，世广终于明白了肺腺癌：笼统说，是自己作为总策划人发动了癌症；细分，是内心创造了癌症，“外面的自己”承受病痛；“外面的自己”想恢复健康，内心却依赖癌症；“外面的自己”关心治疗方法，内心则希望通过病痛看到心境。内心并不总是表面以为的那样，内外落差很大。对内心世界，我们不如以为的那样熟悉。

3

重要少数

风先生接着说：“对内心的不熟悉，除了对内外矛盾不熟悉之外，还包括对内心的角落不熟悉。举例来说，如果你没有订餐，却听到楼下快递小哥按门铃，第一反应是什么？”

“是不是送错了？”世广答道。

“第一反应过后，你可能会问一问家人，结果小孩说他订过餐，小孩订餐也要跟家长结算。小孩相当于全我的一个片段，全我相当于大家长。每个片段都是全我的组成部分，每个片段做事最后都要家长兜底。家里有三五个小孩，父母不担心挣钱多的孩子，担心没钱的那个。全我同样如此，全我不担心表现好的片段，对于比不上别人、悲观沮丧又自卑的片段，会担心。悲观、自卑的片段都不是高光部分，不被逼到死角，我们不愿意承认那些片段也是自己，甚至连看都不愿意看一眼。这些算不上高光的片段如果不被承认，它们只好在暗处兴风作浪，充当幕后推手。它虽然只占全我的十几分之一或几十分之一，但蛮力洪荒，足以掀翻整个王朝统治；全我一旦接纳了它们，它们会因为接纳和信任而主动变好。

“世广心中，有一个片段想柔软下来和郭总亲如一家人，‘外面的自己’却蛮横地说：‘不行，不能屈服！‘片段小世广’无奈，希望借助肺癌撼动‘外面的世广。’可是，‘外面的世广’对‘片段小世广’采取置之不理的态度，甚至‘片段小世广’越吵，‘外面的世广’越发无所不用其极地压制他。‘片段小世广’发现吵闹无效后，纠集了体内更多充满无力感的细胞，有来自肝部的，有来自脑部的，还有来自骨头的……统统联合起来撕票。此刻，‘外面的世广’对体内的腥风血雨毫不知情，只在检查结果上看到，新增肝部阴影 ×× 的字样。‘片段小世广’被看到之前，我们一直以为癌症是命运，不去挖掘‘片段小世广’，永远找不到癌症的真正答案。

“‘外面的自己’作为片段之一，常常希望受到欢迎，心中另一个片段却不要很多人注意到自己；一个片段想要表现得天真活泼，另一个片段说这样不端庄、会被嘲笑；一个片段想原谅对方，另一个却想报复；一个想赚钱，另一个不想太辛苦；一个想把事业结束了，另一个舍不得已经铺开的摊子；一个想扩大圈子，另一个感到害怕；一个想对爱人说‘没有你，我活不下去’，另一个说‘不要丢人现眼’；一个想依赖先生，另一个想要独立空间；一个想表白女神，另一个担心配不上……肉眼看到的，是所有片段互相抵消后，最终呈现的样子。

“‘外面的自己’建立起懂道理、负责任、温文尔雅的王朝形象后，那些不符合该形象的‘片段小世广’都被挡在后面，不见天日。世广心中或许有一个片段，觉得自己活得好累：工作累、当丈夫累、朝九晚五还要社交累……”

“这些都是应该的，不值得一提。”世广说。

“把所有不值得一提的累积起来，小猪存钱罐都不够你装！越是不值得一提的，越要你去挖掘。开玩笑讲，有时对哪家商场打折、打几折很清楚，可是对于自己在想什么、为什么这样想却不清楚。如果一直看不到这些活得很累的片段，累积到一定程度它们不耐烦了，整个人便很容易遭逢意外。”

“看来意外和偶然，并不完全是意外。”世广说。

“爱因斯坦评论过概率，他说上帝不玩骰子。很多人都会假装不知道自己为什么得病，假装不知道自己为什么出意外，其实每个人内心都清楚为什么这件事会发生在自己身上。潜意识就是我们本来应该知道却假装不知道的内容。觉察度高低，是我们生命活出了几成的重要指标。

“王朝统治被推翻之前，如果世广允许这些片段出来，整个人的形象会被拉低，看起来不再如以前那么完美。可不完美不是因为黑暗片段放出来引起的，因为无论你让不让它们出来，它们都在。这些躲在角落的黑暗片段，让我们成为自己最熟悉的陌生人。它们数量不多体积不大，但往往是决定成败的关键少数。从全我拆解回去，委屈的片段知道主人看到它们了，那份温暖让它们愿意去改变。

“再举个例子。一个人现在肚子很饿，可是因为减肥不允许自己吃，由此造成节食一段时间然后暴食，暴食后再节食减肥，如此反反复复越减越肥。很多人把减肥不成功归结为意志力不够，不断告诫自己：‘管理不好体重，何以管理人生？’这种自我鞭挞的方法短期可能有效，长期于事无补。真正原因是减肥过程根本没触动到那个想吃的片段，问问它为什么想吃。有可能在整个乐天积极的王朝形象背后，有一个小片段是爱慕虚荣的，对有钱人开跑车、住豪宅充满了羡慕嫉妒恨；反观自己穿着在大卖场抢购的打折衣物，喝着廉价饮料，在种种求而不得的欲望中，唯有食欲最容易实现。于是就吃，并且大吃特吃。

“通过体重减不下去的表象，去觉察原先没有觉察到的片段，花在内在的功夫，会带来事半功倍的效果。如果对内心了解不够，看不清隐藏片段的拉扯，最终哪儿都去不了。觉察之后，事情的来龙去脉变得越发清晰：每个‘片段小世广’，在局部都有它的道理。它们一人一把号、各吹各的调。过去完全不理它们不行，全依着它们不行。承认自己有软弱的、胆小的、自卑的片段，不代表我们就是这样的。完全可以承认胆小，同时往前冲。在医学治疗的基础上，兼顾‘外面的自己’与内心的各个片段，从中找到一条可行之路，身体不再为某一个片段的揭竿而起代为受过，癌症仿佛不药而愈一样。”

4

一个抓手

“不论癌症进展到什么程度，都不能用过去的经验推测未来会发生什么。我们不能反过来问：有信心就一定能治好吗？万一治不好怎么办？癌症就算没有痊愈，活着的每一天依旧美好，才是终极信心。”

不知为何，我从风先生的话里闻到一抹临终前的味道，鼻子一酸，眼泪立刻涌满眼眶。可是心里还在固执地想，毕竟世广每天生活如常，不至于严重到如此地步。风先生只不过给世广打打预防针罢了！于是，揉揉眼睛，把眼泪忍了回去。

世广喃喃地重复着风先生的话：“活着的每一天依旧美好……”然后轻声说：“苏轼的好友王巩被贬谪到岭南荒僻之地，歌妓柔奴随行。几年后王巩北归与苏轼相聚，苏轼问：‘试问岭南应不好？’柔奴道：‘此心安处是吾乡。’如果活着的每一天都能够很好，这将是一个永恒的保证。这段时间我刻意安抚每一个曾经被忽略的‘片段小世广’，但怎么也抓不到它们。”

“你本来骨子里很感性，想对领导、同事和家人付出所有。后来发展出很多理性思考，渴望感情交流的‘片段小世广’都被硬生生地压下去了，现在去找哪有那么容易？”风先生说。

“工作中一定要有理有据，通过理性分析得出结论。不可能跟领导说感觉应该投资哪个项目。”世广申辩道，缓和了一下后，又说，“我有时也冲动，但只要想一想，一定能找到理由阻止自己。有时想和朋友敞开心扉聊聊天，理性告诉我多说有可能被利用，自然就会停止。”

“所以，你不能让感性直接表现出来，一定要经过理性过滤才可以。我在病历中看到，癌症前还有一段皮肤治疗，我怀疑右小腿正面的这块湿疹和肺腺癌有很大关系。皮肤是整个身体最外部的界线，如果情绪不能自然流露，遇到皮肤出不去，皮肤首当其冲受连累。

“专家常说吃有机饮食对健康好，可是有一段时间我们会很想吃肉，过一段时间又不想吃肉，一看到肉就觉得没胃口。这时候最简单的办法就是少吃点肉。有时候不想吃东西，有时候又突然很想吃什么东西。还有的时候，冲动会导向安静的沉思，不想跟任何人说话，只想一个人静静地听音乐、喝咖啡，不想出门见任何人。因为内我无时无刻不在因应着我们的情况，而调整给出的冲动，永远根据当时的情况给出我们所最需要的。所以经历的不同阶段，会有不同的冲动。而且大部分都是觉察到朝向愤怒的冲动，仿佛冲动总是和愤怒、打架、骂人或性连在一起。这些其实不是冲动的本质，是因为此前压抑了太多想跟别人和谈、沟通、说‘我爱你’的善意冲动。

“过去，我们的理性和感性总是打架：理性说早上要运动，感性说床好温暖；理性说去找工作，感性说再等一阵；理性说不要再吃了，感性说不消灭它怎么行；理性说该说软话了，感觉却掉头就走；理性说张嘴会被打，感性却管不住嘴巴。感性显得没知识、没水平、上不了台面，凭感觉很多时候会犯错。相比之下，理性则冷静很多。一个大男人如果总感觉到伤心，难免显得太脆弱。你不能一边奋斗一边有软弱的感觉，理性为了不被骚扰便强行压制感觉。一次又一次压制后，感觉被彻底掐断了。这样再也不用去理会那份脆弱，别人说你什么地方做得不好，你不觉得那么尴尬；爸爸生病如果治不好，你不会那么难过；万一哪一天雨琮有了外遇，你也不会那么悲恸欲绝。过去我们没有处理感受，感受在自己心里发酵。你不处理感受，就会花百倍的力气去处理事情。

“可是，能量一经产生就不会消失，只能转移或转变形式。

走路跑步是能量，喜怒哀乐同样也是能量。内心感受长时间遭遇理性铺天盖地的压制，能量一直累积没有释放。世广过去以为自己'理智战胜感情'的能力很强，等拿到诊断通知书整个人石化在那里就知道了，反弹能量如同原子弹爆破。不管理性编织出多么天衣无缝的理由，最后都压不住感性！压抑内心冲动，按照理性去做应该做的，表面上看起来很好，越往后越痛苦。

"你以为感觉不可靠，人生的重大决定常常都没有道理。世上最关键的东西往往说不出道理，甚至喜欢一个人，说得出道理就不是爱了，道理都是后来编出来的。想想看，生活中有没有很多不合理性但就是想做的事情？"

"晚上吃夜宵。"我说。

"还有吃巧克力的时候，理性更是完全不在。"世广逮住机会不忘黑我一下，"我并不想压制感受，可是如果让感受冒出来，我会把郭总剁成肉泥。事实证明这样的感觉只要有机会冒出来，哪怕只是一点点苗头，我都会怒不可遏。"

风先生不慌不忙问："在这之前，你的感受是什么？"

"化疗间隙我忍着难受，一百次约他他不来，我整个人被他气炸了。"

"听说前世五百次回眸才换来今生一次擦肩。滚滚人流中，你为什么非要跟他一个人较真？你之所以生气，是因为心中有期待。你把郭总当作再生父母，渴盼施展孝心，但他把你晒在那里，你被生生打脸。再往前倒，你还有什么想法？”

“好好辅佐郭总，开创工作新局面。”

“再往前呢？”风先生紧追不舍。

“再往前……是对他深深的感恩。”

“循着想报复的感觉一层一层往前翻，是灵魂深处的善意。但是长时间的压制过程中，感觉一层一层被阻挡。你对它已经很不熟悉了，以为跟着感觉就等于不负责任，感觉甚至连说都不能说。压到最后忍无可忍了，形成一个错觉，以为跟着感觉是件很可怕的事，跟随感觉和冲动仿佛就是要去杀人一样。”

“以前以为跟着感觉就是为所欲为。”

“误会可大了！感觉只是一扇门。以前为什么碰到感觉就走不下去？因为不知道这扇门往里有一条路，通往疾病的疗愈之道，通往祖先五千年文明和古今中外人类所有的智慧。跟随感觉不是目标，只是刚刚摸到进门的路线！感觉层层往里就是层层靠近内心，靠近心想事成的‘心’，靠近随心所欲不逾矩的‘心’。无论是高光片段还是拿不出手的‘小世广’，在这里统统可以遇见它们。

“打个通俗的比喻。皇帝高高在上，我们见不到，只能见到皇帝身边的侍卫。侍卫说的话，或多或少和皇帝有关联，多和侍卫交流，就有可能接近皇帝的想法。感觉、直觉和冲动就如同皇帝身边的侍卫，借助它们可以慢慢走进内心。如果说内心难以捉摸，是整个治疗的难点，进入内心最有效的方法就是以感觉为抓手，从感觉切入！层层深入，感觉里面的感觉便抵达内心！癌症逼你向内找寻内心真正的想法时，任凭理性怎么思考也找不到，只有通过感觉才能找回。

“内心的冲动自然会引领我们让癌症痊愈，当下的冲动会正好引领我们去解决婚姻中的苦恼，会自然而然帮助我们破除事业上的危机。每个人当下生命的冲动都有助于解决生命的难题。觉察到冲动后试着去承认冲动，并试试看它能把我们带到什么方向，人生的方向自然就出来了。

“你约郭总，他为什么不来？站在你的角度，你认为他变脸像翻书。双方站在各自的角度都没有错，破局唯有通过感觉进入内心。”

世广插进来问：“通过感觉进入我的内心，对理解他有什么用？”

“你对自己的内心都不了解，何谈理解别人？理解别人的方法不是去研究他，而是顺着你的感觉进入你的内心。内心天生具备一种能力叫‘将心比心’，理性没有。在理性当中，你只能看到对方的狡诈。人很少因为被指责而改变，因为指责意味着他做的事被你认定为是错的，他为什么要改？人都是先被认同了，才开始面对自己的问题。一旦对立了，就很少去面对自己的问题。

“进入将心比心，你也许会发现原来自己也有糟糕的地方，原来你在对方心中也挺可恶！自卑和自大是一体两面，一个人自我认可有多么不足，表现出来就有多么自大。表面上是郭总背信弃义，搞不好你的自大和不屑对他攻击更大。你们两个一同走入一个陷阱，最后他想帮助你都使不上力。”世广听到这里，宽阔的脑门上现出一层密密的汗珠，屋内一片沉静。

“跟随冲动，所有你今天面对的难局都会解决，因为你内在冲动比你更聪明智慧。你用你的脑袋瓜再怎么算都没有用，唯一要做的是放下算计，真的试着去跟随你内心的冲动，看看这时候想去找谁说一说，或是想做点什么。”

半晌，世广问道：“冲动是魔鬼，情绪上来血涌脑门的时候，哪里容得下一层层分析？”

“回到内心、尊重直觉和感受，并不是一天到晚感觉、感觉、只有感觉……成年人的世界里，感觉注定撞得满头是包，但这不一定是感觉不对，很可能是感觉旁边的理性不够严密，没有配合好感觉。冲动不是来耍我们的，直觉或冲动通常指出全盘答案，可是我们大多数时候都颠倒过来，不去修正理性，而去否定直觉和冲动。不过，这不适用于全部——有时候一早起床感觉不想上班，感觉的确让你不断糜烂下去，必须用理性战胜惰性，坚持克服惰性。冲动不见得每个都会实现，你让冲动冒出来，冲动的冲击波向外延伸，有所实现很好，没有实现当作笑话一则，反正又不花钱，让自己笑一笑、让别人找个台阶下就好了！”

“能做到这样，还是内在有自我肯定。要不然，被别人看不起可怎么了得？”世广越来越调皮了。

“世广，你终于开窍了！”风先生面露喜色，天香和我也很高兴。

风先生接着说；“感觉或直觉乍一出现时，大多不切合实际。此时，理性的作用不是压抑感觉，斩断直觉和感性带来的行动方向，而是要想方设法把不切实际变得切实可行。当初飞天还只是人类美好梦想的时候，不是用理性去嘲笑飞天梦多么异想天开，而是用理性的方法，去实施看起来异想天开的梦想。

“这样的关系放到企业里，冲动和直觉相当于一把手，理性相当于二把手；一把手决定干不干，二把手落实怎么干。理性作为二把手，要帮助一把手实现一把手的决定，绝不能仰仗自己的能力，去推翻一把手的决定。世广生病前，恰恰就是这么干的——被郭总欺负的感受已经弊到火眼如铜铃，此时理性作为二把手不但不尊重内心感受，反而二把手上位打压内心的感受，用道理劝说自己硬生生咽下一口咽不下去的菜。”世广听到此，眼眶不由得红了。

“风先生的意思是，理性要支持内心的愤怒？”我期盼正确的方法是提问中的样子，于是赶紧确认。

“当然！当世广感觉被欺负时，不是因为你对别人好导致被欺负，是你对自己不好才被欺负。越是愤怒情绪上来的时候，理性越不能斩断愤怒，愤怒可以让‘外面自己’和理性的功能暂时停止。没有理性辅佐的冲动会去报复，理性护持下的冲动是为自己的愤怒找到可行之道。

“当你开始恢复感觉时，每当感觉想告诉你点什么，理性还会习惯性地拦在中间提反对意见。说老实话我们对此都会怕，接下来就要试试看。试不是立刻去做，而是像试洗澡水一样，先放凉水，然后掺一些热水试试，不烫就再掺些热水，直至温度合适为止。手摸一下，脚伸出去，就算热一些也不至于烫死。

“有的人压抑感觉只处理事情，有的人则掉在感觉里做不了事情。癌症治疗不单单是身体好转，更是逐渐把感性释放出来的过程，直至最后，以清晰的理性搭配内在直觉形成一个新理性。这个新理性一点不比纯理性弱，它比纯理性更能获得生命的全然支持，或者说是用感性大胆假设，用理性小心求证。”

5

赋　能

“小时候没车没房没钱却很开心，是因为向外要求不多，内心感受丰富；现在生活水平提升，有车有房，内心感受不快乐，是因为‘外面的自己’那一部分被大幅加强，无形中占据了全我的大部分。整个人全部落入现实生活，工作、打电话、上网、看电视、吃东西，晚上困了上床就睡。这些忙碌都是‘外面的自己’在当值，缺乏内心的安慰。

“理性是我们行走世界的通用语言，理性也是‘外面的自己’的强大武器。在全我中，‘外面的自己’专门负责和外面的世界打交道，密切关注外界发生了什么，包括职务是否提升，考试分数高低，人际关系如何……正是由于‘外面的自己’关注点非常聚焦，以至于把外面的世界当成了唯一和全部，根本不管内心的想法。从合理而言，‘外面的自己’在全我中占两成，内心占八成。

患肺腺癌之前，世广的‘外面的自己’霸占到了百分之九十九，内心连脚指头都不如。

“癌症就是要告诉我们，到底是膨胀的‘外面的自己’比较有威力，还是内心威力更大。殊不知，癌症形成之前，内我有一千个、一万个机会帮我们顺理成章地把癌症打发掉：不知为何突然很想学习站桩，说不定想去站桩的时候已经生病，只是还未检查出来。听从内心直觉做了检查以后，‘外面的自己’不知道发生了什么，内我已经将疾病疗愈。‘外面的自己’力量再怎么大，它的力量还是来源于内心，所以治疗最后一定是从内心下手。话分两说，尽管内我拼尽全力保驾护航，往往还是罹患癌症。这恰好说明‘外面的自己’是坐井观天、夜郎自大。‘外面的自己’以为所见的外面世界就是全部，完全不懂得内我的运作，最后内我拗不过就以癌症显现出来。

“身体运作有自己的一套机制。当理性还在逐一研究哪种食物补充哪种营养时，身体早已跳过理性的自以为是，自动调整心跳、血压、化学物质平衡和神经质传导等，轻而易举地把癌症疗愈了。这一切不是‘外面的自己’和理性所能跟上的，要通过信任才能达到。于是回到第一次见面时所说的——信心是启动这些修复功能的扳机，因为信心来自内心，不是来自‘外面的自己’。‘外面的自己’对治疗效果一定要眼见为凭，没看到就不相信。”

“当时一度怀疑，无来由的信心会不会是盲信。”世广说。

“因为你那时完全沉浸在‘外面的自己’的状态。”风先生说到此，世广频频点头。

“‘外面的自己’必须强有力才能保证我们在社会中立足。如果‘外面的自己’不够强悍，我们就像小婴儿一样，对世界有丰富的感知力却没有行动力；与此同时‘外面的自己’又不能强悍到成为阻碍。准确说，‘外面的自己’相当于一个保护罩，既要有硬度起到保护作用，又不能太硬，把内心箍得喘不过气来。”

“具体是什么情形？”世广问。

“内心真正想做的，‘外面的自己’没有帮它争取；内心不想做的，‘外面的自己’没有帮它拒绝。也就是说‘外面的自己’没有为内心争取福利。具体情形诸如内心不想、不愿意，嘴上还是顺从；内心不愿意，还是让自己委屈妥协。对自己真实，就是看我们对内心认识多少，最简单的指标是看生命是否快乐。如果过得不快乐或是生病了，就表示‘外面的自己’和内心之间的关系有问题。癌症就是内心试图推翻‘外面的自己’而展示出来的。

“或许，有人困在婚姻难局中，有人困在事业难局中，有人困在经济难局中，有人困在未来方向不确定的难局中，左想右想想不出解决之道。说老实话，难局都是被夸大了。好比一个人欠钱，不想靠先生，又不愿意跟家人借，自己没有工作能力，便困在难局里。其实这里每一句话都是理性。为什么不可以想想，等下出门踢到一块金砖，问题立刻解决了？因为过去都是用想的，想法很局限。事情不是没有解决之道，是你一直用局限的想法，所以看不到解决之道。凭着直觉做的决定，看起来违反理性，其实是做对了。此时，凭着信心和直觉采取行动，宇宙会帮你冲破重重迷雾，破除生命的难局。

“让‘外面的自己’回归内心，得到智慧滋养以后再出去，许多原先看起来不可能的事情开始出现松动和摇摆，现实仿佛变得没那么现实了；原先认为根本不可能的事情开始出现转机，从坚定不移地认为没可能，到猜测会不会有一点可能，到开始相信有可能会成真，到不可避免地成为现实。以前别人讲话听不进去，现在发现每个人讲的都能变成自己的一部分，而且他们讲的话完全不是过去以为的意思；过去看不到有人会帮助，现在到处出现贵人。

“当皇帝身边全部被小人包围，皇帝听不到正直的声音、不能做出正确决定时，皇帝就要下决心清君侧。回顾治疗过程，肿瘤从在肺部发现，到肿瘤减小，再到扩大，直至扩散，很大程度是清君侧的决心不够彻底，内心没有准备好以王者姿态回归全我的中央。”

从浅湾回来的飞机上，世广感觉很舒服。我和世广并肩而坐，不一会儿耳边传来他微微的鼾声。看着世广平静安稳的呼吸，赶忙给他盖上一条毯子，小心翼翼守在旁边，希望他在没有疼痛的时候多睡一会儿。

不料没一会儿工夫，世广身子抖了一下醒过来了，转身说：“我刚才做了一个梦，梦见江州市周围密布着大大小小的鱼塘，很多乡亲养鱼。传统水产养殖中，随着鱼的排泄物积累，水中氨氮增加，毒性逐步增大。我开始小规模试验共生：用鱼的粪便种菜，用蔬菜吸收二氧化碳等物质，保持养殖水洁净。蔬菜脱离土壤栽培，避免土壤污染，而且因为共生系统中有鱼存在，不能使用农药，从而使共生系统中种出来的蔬菜，无须任何说明，就是健康蔬菜。共生系统比单一把蔬菜种在地里或单一把鱼养在水里更互相依赖。局部一个微小变化，整个系统就甩脸子。鱼类排泄的粪便不够，营养不够，菜叶变黄；蔬菜排放的氧气不够，水质不合格，鱼儿翻肚皮。

“农场附近鲤鱼和鲩鱼多，究竟用什么鱼搭配什么菜，多少条鱼搭配多少棵蔬菜，一直没有搭配好。开始，我用鲩鱼搭配生菜，鱼儿长势喜人可是菜叶发黄；后来换‘瓢儿白’尝试，菜的长势还是不好；最后干脆换水培育青萝，效果颇佳。农场里从没人跟我提及癌症，我几乎都忘了。这梦里的场景切换起来毫无道理可言。有一天，眼前又变成 CT 机的大圆筒壁。我眼睁睁地看着机器运转起来又停了下来，医生从外面进来说肺部阴影找不到了。”

“世广，这次可得小心一点了！梦境看起来毫无道理，会不会是从内心深处传来的咱们还没有弄明白的信息？”我小心翼翼地问。

“有可能，”世广附和了一句，依旧一本正经地说，“如果赤壁之战前夜，曹操在梦中看到后来被诸葛亮草船借箭的囧境，第二天在浓雾中任凭听到再多的鼓声和呐喊声，他都不会下令弓弩手发射。雨琮你说，刚才的梦境会不会是把未来的生活提前演给我看？”我呆呆地看着世广，发现他说话虽然有些气短，人却比原来活泼了好多。或许在可能性的世界里，治愈的念头冒出来就已经成真；而在现实世界里，念头尚需等待时间将它煮熟。

第五章 后癌症时代

当死亡真的来临，

我竟然毫无防备。

为何嫁给一位年纪轻轻就因癌而去的爱人？

没有答案！

我需要增强独自生活的能力，

我需要把当初误入歧途导致癌症的因子引入新生活中。

通过烤箱，电变成热，

通过冰箱，电变成冷。

理念，决定生命能量的转变，

因为你，我将认真思考生命的不朽，

唯有你，我希望有来生！

1

死谏全家

2012年12月魂归故里。2013年墓碑落成的时候，小宝用毛巾裹着手指，沿墓碑上刻字的纹路一点点擦拭。擦着擦着，抬头对我说：“妈妈，我想扔一把雪在墓碑上面，和打雪仗时用雪球扔爸爸一样！”

“哦？”

“我生爸爸的气！原先都是咱们三个人一起出去，现在他说走就走了！我要捡满满一大把雪，全部塞到爸爸脖子里！”小宝童言无忌，替我说出了我的心里话。世广英年早逝，伤心不舍之余，也有愤怒和自责。世广真的抗癌失败了吗？从“外面的世广”的角度，他希望病好；从内心的角度，他不一定，他觉得这辈子光宗耀祖了。世广解脱后爽了，毕其功于一役把功力给了我，同时也把责任交到我手上，我在人间的任务没有完成。

处理完世广离开后的诸多事宜，包括补齐之前的借款后，再次来到浅湾见风先生和天香。大家都默不作声。还是天香打破沉默，说："我们就当世广被外星人绑架到火星，五十年后才回来好了。"听罢，我不禁眼前一亮：两个月以来，一想到世广活生生一个人就这么灰飞烟灭了，会忍不住地凄凉；说到世广五十年后回来，尽管要五十年，但立刻觉得有奔头。

天香接着说："有一个三岁小男孩死于急性再生不良贫血症。这孩子特别聪明，反应快，贴心极了。父母悲恸欲绝无法接受这个事实，不停地问：'孩子怎么会一夜之间就这样死了？'原来，男孩投胎作为父母的小孩，就是只要活到三岁，不愿长大。因为长大就会建立新的缘分爱上谁，然后生孩子，再启动一次生命历程，所以他在三岁选择离开。因为孩子早夭，父母亲开始问：'人活着是为了什么？'孩子用他的离开，引导父母走上学习道路。"①

"每个人与身边的人都是由不同因缘吸引相遇，所以每个人经历的生离死别，都有一个如同这个男孩般的故事。那，世广和我们的生离死别，究竟是一个什么样的故事呢？"我完全不知道如何回答天香的问题，只感觉见到天香，心情不如一个人时那么

① 许天盛医师口述，谢明君执笔：《我爱的人要走》，赛斯文化事业有限公司，2014 年版，第 263-264 页。

悲伤了。

“世广和那个小男孩一样，都在死谏。”天香说。

“死谏什么？世广知道我一个人不行的。”

“再不行，世广也要五十年之后才能回来呢！”天香还是笑眯眯的。

“雨琮这时如果悲伤地去问‘我为什么会嫁给这样一个年纪轻轻就得肺腺癌病故去的先生’，问不出答案。先接受下来，承认这样的先生、这样的经历就是我要的，去问‘我为什么要这样的经历’，才有可能找到答案。”风先生开口说，“假如你是一个亿万富翁，业余爱好是去街上做马路歌手，寒风中偶尔有行人匆匆扔下几个硬币，一天下来总共挣不了多少钱。可是，等一下在街角转弯处，司机开车过来接你，为你递上热饮热饭，你会觉得寒风中的一天悲苦吗？”

“当然不觉得，会很开心。”

“为什么？”

“只是一个体验而已。”我答道。

“对，因为有能力随时离开这个体验。雨琮现在觉得悲伤，是因为你还没有能力离开这个状态。世广主动邀请肺腺癌，在于帮助自己从两难之局中脱身；雨琮让自己经历世广罹患癌症并离世，在于让自己锻炼独立克服困难的能力。

“假设生命以另一种可能铺陈开来，世广没有罹癌，你们继续在原先的轨道上追求，再熬三年、五年，最多十年，世广大概率能熬到自己想要的职位，雨琮注定躲在世广背后。传统观念认为，在家从父、出嫁从夫、夫死从子，现在很难说一点不受过去的影响。雨琮无论多么成功，还是附属于先生。世广走后，你也不能守着传统观念不放、寻死觅活呀！

“米其林大厨戴着高耸的帽子精心挑选食材，雕刻、摆盘，服务对象是一群小猪。结果美食还没做好，就被流着口水、哼哧哼哧的小猪吃完了，那要米其林大厨干吗？身为米其林三星厨师，坐在面前的就应该是某畅销杂志的资深编辑、某著名的刁钻美食家、米其林专属试菜员……没有这些‘难搞’的毒舌在场，如何凸显米其林三星厨师的功力？”风先生说。

“可是，现在希望都破灭了！世广在外面奋斗得好，我心中就有支撑，家就有依靠，现在都没了，我对未来感到紧张。”

“所以世广才要离开。你不可能永远依赖世广，也不可能完全独立。人总是同时寻求依赖和独立。通过依赖发展安全感，通过独立开发理性解决问题的能力，不同阶段强化不同的部分。独立和想依赖齐头并进，就像阴阳的相生相克。是先相生再相克，相克是表面，相生才是根本。让自己在情感上接受滋养，而不是依赖。接受滋养是以我为主，我手上握有主动权，同时优雅地接受别人的支持、陪伴和鼓励。依赖不同，依赖是没法失去对方，这样显然就失去了你的主动权。雨琮未来最大的魅力，是在阴柔中加进一抹刚强。有独立的能力，其实是增加你依赖的本钱。夫妻两人不是谁不能没有谁，是每人都找到自己之后，两人互助合作。”

“过去世广说过，如果孩子注定父母不能双全的话，妈妈陪伴他成长更好。他甚至认为，他的离开，整体代价最小。也正因为如此，才深深埋藏了对武洁的眷恋和不舍。明明想要拥抱，却抬手将手机扔到武洁身上，不惜牺牲自己在儿子心中的形象，换来化不开的母子深情。再怎么说，我有一年多与世广的病情共进退的时间，只是想到武洁一旦就成为没有爸爸的孩子，还是悲从中来。”

“先照顾好眼前这一桌。你要是去做父亲，孩子得到的是一个学得不像的父亲，同时失去了母亲。守住母亲角色，父亲缺失的部分自然会补偿。”风先生淡淡地说。

“周围很多亲朋好友都对武洁说：‘你是男子汉，要多替妈妈分忧解难。’武洁听罢就像小大人一样点点头。没过多久，后脑勺上出现了三块斑秃，仿佛在诉说：‘我还没有长大，我坚强不起来，我担心会不会有一天，妈妈也不见了……’说好的回家时间，如果我没有按时到家，百米外便听见武洁号啕大哭的声音。”

“想想看，在一个八岁孩子的心中，失去爸爸似乎没有那么可怕。失去爸爸又失去妈妈，那才是真正可怕的事情。除了继续照顾孩子的三餐、食衣住行外，现在最重要的是照顾到他的感受。这个阶段的孩子，最在乎他有没有被妈妈了解、被妈妈在乎、被妈妈放在心上。当他肯定他是妈妈心中最重要的人以后，会由内而外生出坚强的力量。乖的小孩伤最重，大人眼里的‘懂事’是让小孩懂‘大人事’。走过世广生病离开这一遭后，雨琮升级到2.0版本，更新内容之一在于愿意去读懂小孩的心事，成为孩子的心灵翻译机。

“男子汉的确要坚强，不过那份坚强是走过了恐惧、害怕和担心之后呈现出来的，不是一开始在充满担心和害怕的时候，就要求他坚强。”

回到东都后，我比原先更加保护孩子的童真，甚至做得“过”一些，宁愿他懂事晚一点。我们约好，如果妈妈不能准时回家，一定打电话。简单的小办法，既容易做到，又让孩子身心安定。很快，斑秃不见了。

2

误入歧途形成癌症的能量，就是开创新生活的力量

前面一番周折，向内认清癌症是一团绝望的能量，只完成了一半；更重要的一半是向外把能量用到新的方向，去开创新的生活。生命的一切都离不开能量，癌症由能量形成，身体由能量形成，树木、山川、房屋由能量形成，事情也是由能量形成的。以前一直以为思想感受不实际，物品拿在手里比较实际。目睹了绝望的念头一步步演变成癌症后，发现事情的开始其实都是一个小小的想法或感受，没有不经过想法而直接变成事实的事情。如果最初没有物品的概念，就不会有物品存在。物品显现出来，已经是从最初纯能量的状态，变成有质量的状态。

“问渠那得清如许，为有源头活水来。要想改变物体的状态或生活状态，根本方法是回到源头活水去。如同电能通过烤箱变成热、通过冰箱变成冷一样，决定生命能量转变的是思想和念头。

念头用在哪个方向，未来就会在哪个方向收获结果。心中栽种绝望，能量将转变成肿瘤；心中栽种富足，生命能量将一步步转变为富裕的生活。人类不是登陆月球以后，才相信有能力登陆月球的，而是在没登陆月球之前，先在心中描绘嫦娥奔月的美好画面，鼓舞着世世代代的人们前赴后继进行科学研究，最终才圆了飞天梦。

犹太心理学家维克多·弗兰克尔创造过一个奇迹。纳粹统治时期他全家都被关进奥斯维辛集中营。父母、妻子、哥哥死于毒气室，只剩下他和妹妹幸存。在集中营，弗兰克尔对生命充满极大热情，他是集中营里被编为 119104 号的待决囚徒，但他不认为自己仅仅是囚徒。直到被送进毒气室之前，他都相信自己终将平安，坚定不渝的信念帮助他最后成功活下来。

弗兰克进毒气室之前，他的内心可以相信世界平安，也可以相信这是世界末日。选择相信平安后，他不会因为一个选择，就立刻开心快乐起来，毕竟身处集中营还有很多恐惧。选择相信平安与选择相信世界末日不同的是，前者在恐惧之余心中有份希望在。如果说这是阿 Q 的自我欺骗，这种自我欺骗也没有什么不好，平安的信念在危急时刻发挥出很实际的作用。相信平安的人，最后一刻传来德国投降的消息，就活着出来了；万念俱灰的人，就算后来有德国投降的消息传来，也撑不到那一天。当然选择相信平安，也不能保证弗兰克一定活着走出来，然而就算赴死，心怀平安能让人在平安中离开。这个世界很难说是平安还是不平安。相信不平安的人，遇到的不平安的事情会越来越多，相信平安的人会吸引平安的能量和磁场。

从弗兰克选择相信平安中可以看出，信念运用得不折不扣是门技术活。意念聚焦在什么上，就会得到什么。时间不用太长，把意念聚焦在别人不尊重自己上，一定能找到不尊重的证据，没有证据也能创造出来。有些时候，我们偏偏喜欢把意念专注在自己最不顺利的地方、孩子不听话的地方、觉得不开心的地方，以为多关注有助于事情解决，实则不然。

对于有幸康复的癌症病人来说，如果内心相信癌症复发，就会花很大力气预防。这样等于在癌症还没复发的时候，先在内心世界投票给癌症。直到后来被复发击中，都没有发现“癌症会复发的观念”才是始作俑者。不专注负面和困难，不代表不知道困难，知道困难但不把关注点集中在困难上，主要精力要用于相信身体本来是健康的。

内在信念之所以有移山填海的功能，是因为在其四周形成了磁场，吸引与磁场相合的人和事物来到身边。一件一件吸引来的事物穿起来便是命运。同一件事情，不同的人信念不同，磁场不同，导致命运也不同。家境不好已经是事实，如果执着在家境不好、比不上别人上，念头一出磁场相随，别人轻轻松松就感受到念头里的自卑，自己还蒙在鼓里搞不清别人是怎么知道的。所谓别人怎么看待自己，其实是由自己的磁场决定的。

建立新的信念，新的信念形成新的磁场，周遭就会接受新磁场的感应。通常转变家境需要两三代人的共同努力，转变念头简直是一秒即可完成：家境不好性格可以很好、家境不好做人做事可以很好。在工作中强化做人做事好的部分，让老板产生一个感觉：家境根本算不得什么，吃苦耐劳和坚忍不拔的品质对工作才最有助益。

每天我们脑海里都有川流不息的想法和念头。猫不会因为相信自己长得像老虎，真的越长越像老虎。人如果认为自己没用，会真的越来越没用。婴儿时期父母的话语直接灌进脑海里，长大以后身边的专家、报纸、电视传递大量信息。如果没有仔细分辨，这些信息不知不觉溜进来，进入自律神经、进入细胞，形成信念磁场。癌症带来的改变在于，让我们留意这些内在对话以及随之形成的磁场。意念关注的方向就是事情发生的方向。现在的生活，是过去意念关注的方向；未来的生活，就是现在关注的方向。因此，无论收到什么样的讯息，都要加一层过滤网，慎思明辨才能进入。小心守护念头和思考方向，比守护钱包重要多了。

从心想事成的角度来说，相信比渴望更重要。因为相信是内心认定，希望是外在渴求。只有内心真正“觉得”的东西才会引导能量，朝向画面中的样子驶去。生活中很多人都希望世界发生好事，可是不觉得会发生好事；希望伴侣忠实，可是内心根本不相信会真心对待伴侣一辈子；希望健康快乐活到百岁，可是不觉得自己能健康快乐活到百岁；希望成功，可是内心直觉自己并不够好。当外在渴望一件与内心信念相反的事情的时候，能量都用在内耗上。

掌握了由内而外使用能量的方法后，创造的成果反而是其次，因为它们不过是创造能力的显现。成为神枪手之前，射击练习时需要摆一个苹果；成为神枪手之后，不管苹果是否摆在哪里都能射得准，但在训练初期一定要摆一个苹果作为练习目标。过度认同金钱、职位代表的社会价值，失去了人会恐慌；把职位和金钱当作练习射击时的苹果，失去了当然还是会难过，但不至于抑郁成疾。这种崭新的生命态度鼓励我们尽其所能去争取美好生活。与此同时，生活中的一切美好仅仅是练习创造力的“靶子”。电影《教父》中老教父说，花半秒钟看透事物本质的人，和花一辈子看不清事物本质的人，注定是截然不同的命运。